HORST BAUMANN

Arbeitskampf, Staatsneutralität und Arbeitslosenversicherung

Schriften zum Sozial- und Arbeitsrecht

Band 78

Arbeitskampf, Staatsneutralität und Arbeitslosenversicherung

Rechtspolitische Überlegungen zu einer Grundlagen-
Reform des § 116 AFG

Von

Prof. Dr. Horst Baumann

DUNCKER & HUMBLOT / BERLIN

CIP-Kurztitelaufnahme der Deutschen Bibliothek

Baumann, Horst:
Arbeitskampf, Staatsneutralität und Arbeitslosen-
versicherung: rechtspolit. Überlegungen zu e.
Grundlagen-Reform d. § 116 AFG / von Horst
Baumann. — Berlin: Duncker und Humblot, 1986.
  (Schriften zum Sozial- und Arbeitsrecht; Bd. 78)
  ISBN 3-428-06031-8

NE: GT

Alle Rechte vorbehalten
© 1986 Duncker & Humblot GmbH, Berlin 41
Gedruckt 1986 bei Berliner Buchdruckerei Union GmbH, Berlin 61
Printed in Germany
ISBN 3-428-06031-8

Karl Sieg

zum 75. Geburtstag am 6. Mai 1986

gewidmet

Vorwort

Die hier vorgelegte rechtspolitische Studie zu einer Grundlagen-Reform des § 116 AFG — maßgeblich angeregt durch die Diskussion mit meinem Berliner Kollegen Hugo Seiter über seine Untersuchung zur Vereinbarkeit der Neutralitäts-Anordnung mit dem Gesetz — beruht auf einem Vortrag, den ich am 7. Februar 1986 vor dem „Arbeitskreis Versicherungsrecht" am Fachbereich Rechtswissenschaft der Freien Universität gehalten habe. Die Vortragsfassung hat anschließend den zuständigen Bundesministern vorgelegen. Das Manuskript der Arbeit wurde Ende März 1986 abgeschlossen. Der Anmerkungsapparat blieb auf das Notwendigste beschränkt.

Für wertvolle Unterstützung danke ich herzlich den Wissenschaftlichen Mitarbeitern Michael Freese und Jürgen Keßler sowie meiner Sekretärin Irmgard Busse.

Ich widme die Schrift in dankbarer Verehrung meinem Lehrer Karl Sieg.

Berlin, im April 1986

Horst Baumann

Inhaltsverzeichnis

A. Entwicklung und Aktualität des Themas 11

B. Problemskizze 14

    I. Die „Mini-Max-Taktik" der Gewerkschaften und ihre wirtschaftlichen Folgen 14

    II. Ansprüche der mittelbar vom Streik betroffenen Arbeitnehmer gegen die Bundesanstalt für Arbeit? 15

C. Versicherungs-, schuld- und arbeitsrechtlicher Problemzusammenhang 19

    I. Versicherungsrechtliche Grundlagen 19

        1. Arbeitslosenversicherung als „Versicherung" 19

        2. Vorsätzliche Herbeiführung des Versicherungsfalles durch die Arbeitnehmer? 22

            a) Allgemeiner Ansatz 22

            b) Zurechnungsproblematik 23

        3. Beitragspflicht der Arbeitgeber und Legitimationsproblematik 25

    II. Risikoentlastung der Arbeitgeber durch Versicherungsschutz? 27

        1. Parallelen zur „Haftungsersetzung durch Versicherungsschutz" in der gesetzlichen Unfallversicherung 27

        2. Betriebs- und Wirtschaftsrisiko der Arbeitgeber 27

        3. Entlastung mittelbar kampfbetroffener Arbeitgeber der gleichen Branche außerhalb des räumlichen Tarifgebiets? 28

            a) Betriebsrisiko 29

            b) Wirtschaftsrisiko 30

            c) Folgerungen 33

        4. Entlastung der Arbeitgeber bei nicht-kampfbedingter Kurzarbeit? 34

        5. Entlastung mittelbar kampfbetroffener Arbeitgeber fremder Branchen? 34

        6. Zwischenergebnis 36

D. Das Neutralitätsgebot in verfassungsrechtlicher und ordnungspolitischer Sicht 38

  I. Konkretisierung des Neutralitätsgebots 38

  II. Konsequenzen 43

    1. Neutralitätsgebot und Finanzierung der Arbeitslosenversicherung 43
    2. Neutralitätsgebot und Gleichbehandlung von Arbeitgeber- und Arbeitnehmerseite bei Umverteilung der Arbeitskampfrisiken 45
    3. Neutralitätsgebot und öffentliche Interessen 47

E. Der Regierungsentwurf zur Neufassung des § 116 AFG 51

  I. Kernstück des Entwurfs 51

  II. Ordnungspolitische und rechtliche Bedenken 52

F. Modell einer Grundlagen-Reform des § 116 AFG 61

  I. Grundlagen 61

  II. Erläuterungen 62

    1. Einheitliche Gewährung reduzierter Leistungen an problembehaftete Arbeitnehmergruppe aus öffentlichen Interessen 62
    2. Abgrenzung zur „Stellvertretungs-Konzeption" des Regierungsentwurfs 63
    3. Kausalitäts- und Zurechnungsgründe für Abstufung gegenüber anderen Arbeitnehmergruppen 67
    4. Finanzierungsaspekte 69
    5. Zwischenergebnis 70

  III. Elemente der Risikosteuerung 70

  IV. Internationalrechtliche und verfassungsrechtliche Absicherung 72

    1. IAO-Abkommen Nr. 102 72
    2. Verfassungsrecht 74

G. Schluß und Ausblick 78

H. Nachtrag: Zur veränderten Fassung der Neuregelung 80

  I. Entwicklung 80

    1. Vorschläge der CDU-Sozialausschüsse 80
    2. Gesetzesfassung 81

  II. Kritische Würdigung 82

A. Entwicklung und Aktualität des Themas

Der Streit über eine Änderung des § 116 AFG hat mit der Verabschiedung der Neuregelung[1], die gegenüber dem ursprünglichen Regierungsentwurf[2] noch Veränderungen brachte, sein parlamentarisches Ende gefunden. Die Grundsatzfronten aber bleiben verhärtet. Die rechtlichen und politischen Schwierigkeiten der Materie sind unterschätzt worden. Nicht zu Unrecht hieß es in der Presse, sämtliche Gruppen seien in den Kampf geschlittert wie einst die Europäer in den ersten Weltkrieg („Der Tagesspiegel" vom 24. 1. 1986). In der Schlußphase eines „an Dramatik kaum mehr zu überbietenden" politischen Kampfes (Thomas Raiser) ging es ganz wesentlich darum, das Thema „vom Tisch" zu bekommen („Frankfurter Allgemeine Zeitung" vom 21. 3. 1986). Nach der Neufassung des Gesetzes steht fest: Rechtswissenschaft und Rechtspraxis werden weiter wie bisher über lange Zeit mit den Problemen des § 116 AFG beschäftigt bleiben.

Dabei ist die Problematik einer sich bei Arbeitskämpfen neutral verhaltenden Arbeitslosenversicherung im Prinzip so alt wie die Arbeitslosenversicherung[3] selbst: Bereits das AVAVG von 1927 enthielt in § 94 eine einschlägige Vorschrift[4], die durch komplizierte

---
[1] Das „Gesetz zur Sicherung der Neutralität der Bundesanstalt für Arbeit bei Arbeitskämpfen" ist am 20. 3. 1986 vom Bundestag beschlossen worden, vgl. BT-Plenarprotokoll 10/207. Damit wird das Inkrafttreten des Gesetzes (vgl. Art. 78, 82 GG) in der jetzigen Fassung als gesichert angesehen.
Die Verwendung der Abkürzung „AFG" ohne zusätzlichen Hinweis bezieht sich auf das Gesetz in der alten Fassung.
[2] Gesetzentwurf der Bundesregierung vom 20. 12. 1985, BR-Ds. 600/85 (= BT-Ds. 10/4989).
[3] Einschlägig war auch schon § 6 II der Verordnung über die Erwerbslosenfürsorge vom 26. 1. 1920, vgl. dazu *Säcker*, Gruppenparität und Staatsneutralität als verfassungsrechtliche Grundprinzipien des Arbeitskampfrechts, 1974, S. 29 f. Dort auch Darstellung der weiteren Entwicklung, ebenso bei *Kreuzer*, Die Neutralität der Bundesanstalt für Arbeit, 1975, S. 21 ff.
[4] § 94 des Gesetzes über Arbeitsvermittlung und Arbeitslosenversicherung vom 16. 7. 1927 (AVAVG 1927), RGBl. I S. 198. Abgedruckt bei *Schwerdt-*

Richtlinien des Verwaltungsrats der Reichsanstalt für Arbeitslosenvermittlung und Arbeitslosenversicherung[5] sowie durch umfangreiche Erläuterungen dieser Richtlinien, erlassen vom Präsidenten der damaligen Reichsanstalt[6], konkretisiert wurden. Nach rechtlichen Zwischenstationen hat die große Koalition 1969 unter erheblichen Geburtswehen § 116 AFG in seiner heutigen Gestalt geschaffen[7]. 1973 folgte die „Neutralitäts-Anordnung" des drittelparitätisch aus Vertretern der Arbeitgeber, der Arbeitnehmer und der öffentlichen Körperschaften zusammengesetzten Verwaltungsrats der Bundesanstalt für Arbeit[8], und zwar gegen die Stimmen der Arbeitgeberseite[9].

Ursprünglicher Regierungsentwurf und Gesetz bauten bzw. bauen vor allem mit der „Stellvertreter-Klausel" — bei nicht unwesentlichen Abweichungen im Detail — auf der Konzeption der Vorgänger-

---

feger, Arbeitslosenversicherung und Arbeitskampf — Neue Aspekte zum unbestimmten Gesetzesbegriff, 1974, S. 113, und bei *Säcker* (Fn. 3), S. 33. Nach Abs. 2 dieser Vorschrift waren mittelbar arbeitskampfbetroffene Arbeitnehmer zu unterstützen, „wenn die Verweigerung der Arbeitslosenunterstützung eine unbillige Härte wäre".

[5] Richtlinien über die Gewährung von Arbeitslosenunterstützung an durch Ausstand oder Aussperrung mittelbar betroffene Arbeitslose vom 27. 3. 1928, RABl. 1928 I S. 97. Abgedruckt bei *Schwerdtfeger* (Fn. 4), S. 114 f., und bei *Säcker* (Fn. 3), S. 35 f.

[6] Erläuterungen zu den Richtlinien des Verwaltungsrats nach § 94 Abs. 3 AVAVG vom 26. 4. 1928, RABl. 1928 I S. 163. Abgedruckt bei *Schwerdtfeger* (Fn. 4), S. 115 ff., und bei *Säcker* (Fn. 3), S. 36 f. Die „Richtlinien" enthielten zum Zwecke der Interpretation der „unbilligen Härte" des § 94 II AVAVG 1927 insbesondere in Ziff. I 2 und I 3 gemeinsam mit den diesbezüglichen „Erläuterungen" Vorläufer-Regelungen des „Abziel-" und des „Einflußtatbestandes", die später in § 116 III AFG vom 25. 6. 1969 verankert wurden, vgl. Fn. 7 mit Weiterverweisung. Zum Ganzen jüngst *Seiter*, Staatliche Neutralität im Arbeitskampf — Zur Vereinbarkeit der Neutralitätsanordnung mit § 116 Arbeitsförderungsgesetz, 1985, S. 24 ff.

[7] § 116 des Arbeitsförderungsgesetzes (AFG) vom 25. 6. 1969, BGBl. I S. 582. Bedeutsam ist vor allem Abs. 3 des § 116 mit dem „Abziel-" und dem „Einflußtatbestand", vgl. dazu unten Text bei Fn. 25.

[8] Anordnung des Verwaltungsrats der Bundesanstalt für Arbeit über die Gewährung von Leistungen der Bundesanstalt für Arbeit bei Arbeitskämpfen (Neutralitäts-Anordnung) vom 22. 3. 1973, ANBA 1973 S. 365. Wichtig ist vor allem § 4 der Neutralitäts-Anordnung (vgl. unten Text bei Fn. 17), der nach seinem Wortlaut § 116 AFG konkretisieren soll und die „Stellvertretungs-Konzeption" des Regierungsentwurfs vorwegnimmt.

[9] Vgl. die Darstellung bei *Seiter* (Fn. 6), S. 28 ff.

A. Entwicklung und Aktualität des Themas 13

Regelungen auf. Nachdem diese Konzeption immer wieder zu Schwierigkeiten geführt hat, hätte sie grundsätzlich in Frage gestellt und durch eine grundlegende Reform abgelöst werden sollen. Angesichts der praktischen und rechtlichen Probleme der Neuregelung bleibt eine *Grundlagen-Reform* weiterhin „aktuell".

Ein Modell zu einer derartigen Reform wird in dieser Studie zur wissenschaftlichen Diskussion gestellt. Im einzelnen wird zunächst die aktuelle Problematik, die die Gesetzesänderung ausgelöst hat, verdeutlicht (unten B). Unterverfassungsrechtliche (unten C) und verfassungsrechtliche (unten D) Überlegungen bereiten auf die Auseinandersetzung mit dem ursprünglichen Regierungsentwurf (unten E) und auf die Entwicklung des eigenen Reform-Modells (unten F) vor. Nach Hinweisen auf Möglichkeiten flexibler Zwischenlösungen (unten G) wird die Arbeit mit einer kritischen Würdigung der schließlich geschaffenen Neuregelung abgerundet (unten H).

B. Problemskizze

I. Die „Mini-Max-Taktik" der Gewerkschaften und ihre wirtschaftlichen Folgen

Besonders virulent geworden ist die zu erörternde Problematik durch die gewerkschaftliche „Mini-Max-Taktik" in der Tarifauseinandersetzung von 1984 um die 35-Stunden-Woche.

Diese Taktik ist darauf angelegt, durch das Bestreiken einiger geschickt ausgewählter Betriebe des umkämpften Tarifbereichs möglichst viele Betriebe außerhalb des Kampfgebietes lahmzulegen[10]. Teils müssen die mittelbar betroffenen Betriebe die Produktion einstellen, weil ihnen von den bestreikten Betrieben keine Vorprodukte mehr geliefert werden können (außerhalb von Arbeitskämpfen: „Betriebsrisiko"). Teils erfolgt die Produktionseinstellung, weil die bestreikten Unternehmen die Produkte nicht abnehmen und deshalb eine Produktion wirtschaftlich „nicht sinnvoll" erscheint (außerhalb von Arbeitskämpfen: „Wirtschaftsrisiko").

Unstrittig haben die Arbeitnehmer in den bestreikten Betrieben weder Ansprüche auf Lohnzahlung gegen den Arbeitgeber[11] noch auf Leistungen aus der Arbeitslosenversicherung[12]. Nach der vom Bundesarbeitsgericht angewendeten Lehre vom „Arbeitskampfrisiko" entfällt auch ein Lohnanspruch der Arbeitnehmer in den mittelbar vom Streik betroffenen Betrieben, sofern wirtschaftliche oder koalitionspolitische Verbindungen bestehen, die die Kampfparität der Arbeitskampfparteien beeinflussen können[13], regelmäßig also von Arbeitnehmern in Betrieben der gleichen Wirtschaftsbranche.

---

[10] Dazu aus jüngster Zeit *Seiter* (Fn. 6), S. 1 ff.

[11] Vgl. nur *Zöllner*, Arbeitsrecht, 3. Aufl. 1983, S. 199.

[12] Vgl. § 116 III 1 Nr. 1 AFG und §§ 2 u. 5 der Neutralitäts-Anordnung hinsichtlich der kampfunbeteiligten Arbeitnehmer. Für die kampfbeteiligten Arbeitnehmer ruht der Anspruch nach § 116 II AFG.

[13] Vgl. die Grundsatzentscheidung BAG AP Nr. 70 zu Art. 9 GG Arbeitskampf = NJW 1981, S. 937 ff.

II. Ansprüche der mittelbar vom Streik betroffenen Arbeitnehmer gegen die Bundesanstalt für Arbeit?

Ob den außerhalb des Kampfgebiets[14] vom Streik betroffenen Arbeitnehmern der gleichen Wirtschaftsbranche Leistungen (Arbeitslosengeld bzw. Kurzarbeitergeld)[15] der Bundesanstalt für Arbeit zustehen, bildet den Kern des Streits. Demgegenüber bleiben Auffassungsunterschiede über die Rechtsstellung der Arbeitnehmer mittelbar betroffener Betriebe in *anderen* Wirtschaftsbereichen[16] nur mehr von theoretischer Bedeutung: Sowohl aufgrund des § 4 Neutralitäts-Anordnung wie nach § 116 I 2 AFG in der Fassung des Regierungsentwurfs[16a] ist die Leistung von Arbeitslosen- bzw. Kurzarbeitergeld an diese Arbeitnehmer zulässig.

Die Gewerkschaften bejahen einen Anspruch der Arbeitnehmer in den umrissenen Problemfällen unter Hinweis auf § 4 der Neutralitäts-Anordnung, wonach ein Ruhen von Ansprüchen gegen die Anstalt in derartigen Fällen nur vorgesehen ist, sofern letztlich für die mittelbar betroffenen Arbeitnehmer „nach Art und Umfang gleiche Forderungen" wie für die am Arbeitskampf beteiligten Arbeitnehmer durchgesetzt werden sollen[17]. Gleichheit der Forderungen, so die Argumentation der Gewerkschaftsseite, habe aber 1984 nicht bestanden, da zwar die 35-Stunden-Woche bundesweit gefordert worden

---

[14] Für die *innerhalb* des Kampfgebiets mittelbar betroffenen Arbeitnehmer der gleichen Wirtschaftsbranche ruhen Ansprüche gegen die Bundesanstalt nach Maßgabe von § 116 III 1 Nr. 1 AFG und §§ 3 u. 5 der Neutralitäts-Anordnung.

[15] In der Praxis steht das Kurzarbeitergeld im Vordergrund, für das nach Maßgabe des § 70 AFG die hier interessierenden Regelungen des § 116 AFG entsprechend gelten. Zur rechtlichen Problematik des Verhältnisses von Arbeitslosengeld und Kurzarbeitergeld bei mittelbar kampfbedingter Beschäftigungslosigkeit vgl. nur *Seiter* (Fn. 6), S. 2 m. w. Nachw.

[16] Zur diesbezüglichen Problematik der Rechtslage nach § 116 III 1 AFG und § 4 Neutralitäts-Anordnung vgl. *Seiter* (Fn. 6), S. 66 f. § 116 I 2 des Regierungsentwurfs beruht auf einem Konsens zwischen Arbeitgeber- und Arbeitnehmerseite, der während der Gespräche mit der Bundesregierung gefunden wurde. Diese Regelung soll hier nicht weiter problematisiert werden. Vgl. dazu auch unten F II 2.

[16a] Die Endfassung des Gesetzes stimmt insoweit mit dem Regierungsentwurf überein, vgl. unten H I 2.

[17] Zu Einzelheiten vgl. § 4 Nr. 2 der Neutralitäts-Anordnung.

sei, man aber im übrigen in den einzelnen Tarifbezirken ganz unterschiedliche weitere Tarifforderungen erhoben habe[18].

Die Landessozialgerichte Hessen[19] und Bremen[20] haben im Sommer 1984 in — summarischen — Verfahren über einstweilige Anordnungen zugunsten der Gewerkschaften entschieden. Daraufhin hat die Bundesanstalt unter Vorbehalt einer endgültigen gerichtlichen Klärung die umstrittenen Leistungen gezahlt[21]. Zugunsten der Gewerkschaftsseite ist jetzt auch das erstinstanzliche Urteil des Sozialgerichts Frankfurt a. M. im Hauptverfahren ausgefallen[21a].

Die Arbeitgeber sehen die Dinge naturgemäß anders. Für sie ist auf die zentrale Forderung der IG Metall nach Einführung der 35-Stunden-Woche abzustellen und damit das Erfordernis der „gleichen Forderungen" erfüllt. Alle anderen Gewerkschaftsforderungen sind aus dieser Sicht für die erörterte rechtliche Problematik von untergeordneter Bedeutung[22].

Stärker ins Grundsätzliche geht die Auffassung, daß die Neutralitäts-Anordnung wegen Verstoßes gegen § 116 AFG nichtig sei, so daß die laufenden Rechtsstreitigkeiten allein auf der Basis dieser Vorschrift zu entscheiden wären[23]. § 116 AFG enthält aber neben dem allgemeinen Neutralitätsgrundsatz, wonach „durch die Gewährung von Arbeitslosengeld nicht in Arbeitskämpfe eingegriffen werden" darf[24], die für die konkrete Fallgestaltung recht vage Regelung[25], daß der Anspruch auf Arbeitslosengeld ruht, wenn

---

[18] Vgl. nur das Vorbringen der IG Metall im Verfahren der einstweiligen Anordnung vor dem Hess. LSG NZA 1984, S. 100 (102 f.).

[19] Hess. LSG NZA 1984, S. 100 ff.

[20] LSG Bremen NZA 1984, S. 132 ff.

[21] Runderlaß des Präsidenten der Bundesanstalt für Arbeit betreffend den Arbeitskampf in der Metallindustrie NZA 1984, S. 80 f.

[21a] Vgl. „Tagesspiegel" v. 28. 2. 1986.

[22] Vgl. den Überblick bei *Seiter* (Fn. 6), S. 57 f. m. w. Nachw.

[23] So jetzt *Seiter* in seiner umfassenden Untersuchung (Fn. 6), S. 49 ff. (71). Für Nichtigkeit des § 4 Neutralitäts-Anordnung auch bereits *Th. Raiser* NZA 1984, S. 369 (374). Vgl. jetzt auch *Isensee* DB 1986, S. 429 (432 f.).

[24] § 116 I AFG.

[25] § 116 III 1 Nrn. 1 u. 2 AFG.

II. Ansprüche der mittelbar vom Streik betroffenen Arbeitnehmer? 17

— entweder der Arbeitskampf auf eine Änderung der Arbeitsbedingungen in dem Betrieb, in dem der Arbeitnehmer zuletzt beschäftigt war, abzielt

— oder die Gewährung des Arbeitslosengeldes den Arbeitskampf beeinflussen würde.

Die Voraussetzungen beider Alternativen hat das Bundessozialgericht in einer Entscheidung aus dem Jahre 1975[26], die sich bereits mit einem vergleichbaren Schwerpunktstreik der IG Metall des Jahres 1971 zu befassen hatte, verneint. Nicht zuletzt angesichts dieser Entscheidung des höchsten Sozialgerichts nimmt es nicht wunder, wenn die Gewerkschaften heute dem Ausgang der anstehenden Rechtsstreitigkeiten mit Gelassenheit entgegensehen.

Freilich ist das Urteil des Bundessozialgerichts auf herbe Kritik im Schrifttum[27] gestoßen. Und die Arbeitgeberseite dürfte sich kaum mit dem Gang vor das Bundessozialgericht begnügen, sondern auch das Bundesverfassungsgericht anrufen[28]. Dann ist die Auslegung des § 116 AFG höchstautoritativ an der Verfassung zu messen: an Art. 9 III GG, nach gängigem Verständnis Hort der Grundsätze über Koalitionsfreiheit und Staatsneutralität[29], daneben auch am Sozial- und am Rechtsstaatsgebot[30]. Mit einer endgültigen Entscheidung ist auf diesem Wege allerdings erst in einigen Jahren zu rechnen. Schon deshalb ist es verständlich, daß die Arbeitgeberseite zumindest für etwaige *künftige* Arbeitskämpfe auf schnelle *gesetzliche* Änderung bzw. Konkretisierung des Arbeitsförderungsgesetzes gedrängt hat. Die

---

[26] BSGE 40, S. 190 (198 ff.) — weitgehend obiter dicta.

[27] Vgl. nur *H. Bogs* Sgb 1976, S. 349 (351 ff.); *Seiter* (Fn. 6), S. 52 ff.; *G. Müller*, Arbeitskampf und Arbeitskampfrecht, insbesondere die Neutralität des Staates und verfahrensrechtliche Fragen, 1985, S. 255. Zu letztgenanntem Gutachten von Müller vgl. *Colneric* AuR 1986, S. 8 ff. und *Rüthers* NZA 1986, S. 11 ff.

[28] So auch *Seiter* (Fn. 6), S. 6.

[29] Vgl. den Überblick über Rechtsprechung und Literatur bei *Seiter* (Fn. 6), S. 42 ff.

[30] Zur — eingeschränkten — Bedeutung des Sozialstaatsprinzips vgl. den Überblick bei *Seiter* (Fn. 6), S. 45 ff. Das Rechtsstaatsprinzip spielt bei der Frage der inhaltlichen Bestimmtheit von § 116 III 1 Nr. 2 und bei der Ermächtigungsnorm des § 116 III 2 eine Rolle, vgl. dazu jüngst *G. Müller* (Fn. 27), S. 235 ff.

Zielsetzung war klar: die problembehaftete Arbeitnehmergruppe sollte generell von Leistungen der Bundesanstalt ausgespart werden.

Aus gewerkschaftlicher Sicht stellt sich gerade eine etwaige *Nichtgewährung* von Arbeitslosen- bzw. Kurzarbeitergeld als Verletzung des Neutralitätsgebots dar[31]. Der Regierungsentwurf sucht im Kern mit einer in Gesetzesform gefaßten Weiterentwicklung der in § 4 Neutralitäts-Anordnung getroffenen Regelung einen Kompromiß. Die jahrzehntelangen rechtlichen Schwierigkeiten werden so materiell fortgeschrieben. Der Weg zum Bundesverfassungsgericht ist wiederum vorprogrammiert. Was fehlt, ist eine für Neukonzeptionen offene rechtspolitische Grundlagendiskussion.

---

[31] So z. B. *Muhr* RdA 1973, S. 9 (13); *ders.* in einer Stellungnahme zum Gutachten von G. Müller (Fn. 27), vgl. FAZ vom 24. 8. 1985. In diese Richtung auch BSGE 40, 190 (204); Hess. LSG NZA 1984, S. 100 (103); *Kittner / Unterhinninghofen* AuR 1986, S. 1 (4 f.). Vgl. zum Ganzen auch unten D I.

C. Versicherungs-, schuld- und arbeitsrechtlicher Problemzusammenhang

I. Versicherungsrechtliche Grundlagen

In jüngster Zeit wird verstärkt auf versicherungsrechtliche und -technische Probleme des ganzen Komplexes hingewiesen[32].

1. Arbeitslosenversicherung als „Versicherung"

In der Tat stellt sich bereits die Frage, ob es sich bei der Arbeitslosenversicherung überhaupt um „Versicherung" handelt bzw. das Arbeitskampfrisiko ein versicherbares Risiko darstellt. Art. 74 Nr. 12 GG spricht von „Sozialversicherung einschließlich der Arbeitslosenversicherung" und signalisiert damit für letztere eine gewisse Sonder- bzw. Klarstellung[33]. Entsprechendes kommt in § 1 II SGB IV zum Ausdruck[34]. Gleichwohl zählt man den klassischen Teil des AFG, die Sicherung bei Arbeitslosigkeit durch Arbeitslosengeld, rechtssystematisch im allgemeinen zur Sozialversicherung[35]. Auch der Regierungsentwurf zur Änderung des § 116 AFG spricht ganz unbefangen von Versicherung[36].

Nun unterscheidet sich die Sozialversicherung mit ihren vier Zweigen — Kranken-, Unfall-, Renten- und Arbeitslosenversicherung — generell von der Privatversicherung in verschiedenen Punkten[37]. Hier

---

[32] Vgl. *Seiter* (Fn. 6), S. 20 ff.; *Schulin*, Arbeitskampf und Neutralität der Bundesanstalt für Arbeit, DB-Beil. Nr. 32/85 S. 5.

[33] Vgl. BVerfGE 11, S. 105 (110 ff.); *Maunz* in Maunz / Dürig / Herzog / Scholz, GG, Stand Oktober 1984, Art. 74 Rdnrn. 170 ff.

[34] Vgl. dazu *Krause* in GK-SGB IV, 1978, § 1 Rdnrn. 4 ff. unter Bezugnahme auch auf § 4 SGB I.

[35] Vgl. nur *Hauck / Haines*, Komm. zum SGB IV/1, Stand 1. Juli 1984, E 010 S. 6; *Schulin* a.a.O. (Fn. 32).

[36] Vgl. Begründung zum Regierungsentwurf (Fn. 2), S. 9, 13.

[37] Vgl. nur *Gitter*, Sozialrecht, 1981, S. 40 ff.; ausführlich auch *Baumann*, FS v. Lübtow, 1980, S. 667 ff.

muß der Hinweis genügen, daß der Gedanke der Äquivalenz in seinen verschiedenen Schattierungen in der Sozialversicherung regelmäßig zugunsten des sozialen Ausgleichs zurückgedrängt ist[38]. Ermöglicht wird dieser Unterschied gegenüber der Privatversicherung durch die Ausgestaltung der Sozialversicherung als *Pflicht*versicherung[39]. Speziell die Arbeitslosenversicherung weist seit jeher Schwierigkeiten der Kalkulierbarkeit auf, weil sie in besonderem Maße konjunkturabhängig ist[40]. Die Ausgestaltung als Pflichtversicherung und die Möglichkeit der gesetzlichen Beitragserhöhung in Verbindung mit einer staatlichen „Ausfallbürgschaft"[41], die aber auch bei anderen Zweigen der Sozialversicherung besteht[42], ermöglichen gleichwohl eine im wesentlichen versicherungstechnische Bewältigung dieses Risikos.

Beschäftigungslosigkeit infolge eines Arbeitskampfes wirft weniger konjunkturbedingte als „manipulationsbedingte" Probleme und Gefahren auf. Nicht zu Unrecht heißt es „Beschäftigungslosigkeit aufgrund Arbeitskampfes ist geradezu ein Musterbeispiel für kalkulierte Schadensherbeiführung"[43]. Das gilt in gewisser Weise auch für die nur mittelbar verursachte Beschäftigungslosigkeit. Denn mittelbare Arbeitskampffolgen sind weitgehend vorhersehbar und steuerbar[44].

Da in privat- *und* öffentlich-rechtlichen Versicherungssystemen Leistungsausschlüsse bei schuldhafter Herbeiführung des Versicherungsfalles vorgesehen sind (vgl. §§ 61, 130 f., 152, 169 f., 181 VVG; §§ 192, 553, 1277 RVO), hält Schulin ein Ruhen von Arbeitslosengeldansprüchen auch in den problembehafteten Fällen mittelbar arbeitskampfbetroffener Arbeitnehmer für eine „zwingende Folge auch aus versicherungsrechtlichen Erwägungen", die „unmittelbar mit dem staatlichen Neutralitätsgebot" zusammenhänge[45]. Gewerkschaften und organisierte Arbeitnehmer werden von ihm uneingeschränkt mitein-

---

[38] *Gitter* (Fn. 37), S. 43; *Baumann* (Fn. 37), S. 684 ff.
[39] Vgl. *Baumann* (Fn. 37), S. 683 f.
[40] Vgl. BVerfGE 53, S. 313 (326 f.).
[41] Vgl. § 187 AFG.
[42] Zur verfassungsrechtlichen Grundlage vgl. Art. 120 I 4 GG.
[43] *Schulin* (Fn. 32), S. 5.
[44] Vgl. oben B I; BAG DB 1957, S. 310 f.; *Schulin* (Fn. 32), S. 5.
[45] *Schulin* (Fn. 32), S. 5; vgl. auch schon *Seiter* (Fn. 6), S. 20 ff.

I. Versicherungsrechtliche Grundlagen

ander identifiziert. Hinsichtlich der Nichtorganisierten hält er wegen der Manipulierbarkeit der Beschäftigungsausfälle die Versicherbarkeit der wirtschaftlichen Folgen (Lohnausfälle) nicht mehr für gegeben. Insgesamt sei in Fällen extrem breiter Fernwirkungen aufgrund entsprechend hoher Leistungsansprüche sowie entsprechend verminderter Beitragszahlungen die Zahlungsunfähigkeit der Bundesanstalt eine realistische Möglichkeit mit der Folge, daß der Staat mit dem Neutralitätsprinzip unvereinbare Finanzzuschüsse[46] zu leisten hätte[47].

Damit sind verschiedene Problemkreise analysiert, die aber nach hiesiger Auffassung jedenfalls unter rechts*politischer* Perspektive nicht *zwingend* zu der von Schulin gezogenen Konsequenz führen müssen:

Die Herbeiführung des Versicherungsfalls kann nur einem Teil der Arbeitnehmer *unmittelbar* angelastet werden, im übrigen ergeben sich schwierige Zurechnungsprobleme, auf die anschließend einzugehen ist[48]. Hält man Gewerkschaft, streikbeschließende (Urabstimmung!) und streikende Arbeitnehmer einerseits sowie mittelbar betroffene Arbeitnehmer andererseits auseinander, so ist das eigentlich Besondere und versicherungsrechtlich Atypische, daß die Erstgenannten, soweit sie den Versicherungsfall herbeiführen — und nach Maßgabe des § 116 II AFG geltender Fassung wie auch in der Fassung des Regierungsentwurfs bei „Beteiligung" am Arbeitskampf keine Leistungen der Bundesanstalt erhalten! — aus arbeitsrechtlichen Gründen in der Regel *keinem Haftungsrisiko* ausgesetzt sind, so das die damit verbundenen Steuerungsfunktionen fehlen. Es kommen aber, wie bei der Entwicklung des hiesigen Modells noch zu verdeutlichen sein wird[49], andere Steuerungsfaktoren in Betracht: der arbeitskampfrechtliche Verhältnismäßigkeitsgrundsatz, das Risiko einer Abwehraussperrung durch die Arbeitgeber mit ihren wirtschaftlichen Konsequenzen, eine Belastung der Streikkasse hinsichtlich der streikenden und ausgesperrten Arbeitnehmer, Einkommenseinbußen für die streikenden und ausgesperrten Arbeitnehmer selbst. Die sicher gegebene

---
[46] Vgl. Art. 120 GG, § 187 II AFG.
[47] *Schulin* (Fn. 32), S. 5.
[48] Siehe unten C I 2 b).
[49] Siehe unten F III.

C. Versicherungs-, schuld- und arbeitsrechtl. Problemzusammenhang

„Manipulierbarkeit der Beschäftigungsausfälle" besteht deshalb nicht uneingeschränkt, sondern wird ihrerseits durch gegenläufige Steuerungsfaktoren gebremst.

Durch Umlagebelastungen bzw. Erhöhung der Beiträge, erforderlichenfalls auch durch gesetzliche Herabsetzung der Leistungen[50] könnte im übrigen einer Zahlungsunfähigkeit der Bundesanstalt entgegengewirkt werden, bevor staatliche Zuschüsse zum Zuge kommen müßten. Immerhin werden heute, wie das Konkursausfallgeld (§§ 141a ff. AFG) und die Insolvenzsicherung für Betriebsrenten (§§ 7 ff. BetrAVG) zeigen, sogar spezielle Konkursrisiken über Umlagesysteme versichert. Eine Versicherbarkeit des einschlägigen Arbeitskampfrisikos erscheint deshalb nicht a limine ausgeschlossen[51].

Freilich zeigt sich bereits in diesem Zusammenhang, daß eine versicherungstechnische Verselbständigung dieses Risikos nottäte. Denn eine Steuerung durch den Druck erforderlich werdender Umlagen bzw. Beitragserhöhungen ist nur bei klarer Verdeutlichung des Zusammenhangs von „Leistung und Gegenleistung" denkbar. Außerdem müßte in der Tat bei staatlichen Finanzzuschüssen klargestellt sein, ob sie die „allgemeine" Arbeitslosenversicherung oder aber etwa das unter dem Neutralitätsprinzip stehende Arbeitskampfrisiko absichern sollen.

2. Vorsätzliche Herbeiführung des Versicherungsfalles durch die Arbeitnehmer?

a) Allgemeiner Ansatz

In Parallele zu §§ 192, 553, 1277 RVO (und den schon erwähnten einschlägigen privatversicherungsrechtlichen Vorschriften)[52] sowie zu §§ 119, 103 I Nr. 2a AFG deutet Seiter § 116 AFG, der auch für mittelbar arbeitskampfbetroffene Arbeitnehmer das Ruhen von Versicherungsleistungen anordne[53], unter versicherungsrechtlichen Aspek-

---

[50] Zur diesbezüglichen verfassungsrechtlichen Lage vgl. unten E II 1 und F IV 2 c).

[51] Der Vergleich Schulins mit der Privatversicherung, die keine Arbeitslosenversicherung kenne, überzeugt nicht, da *freiwillige* Privatversicherung und gesetzliche *Pflicht*versicherung mit ihren unterschiedlichen Strukturelementen nicht auseinandergehalten werden. Allgemein zur Abgrenzung *Baumann* a.a.O. (Fn. 37).

[52] Siehe oben bei Fn. 45.

ten dahingehend, Ausdruck des Gedankens der Leistungsfreiheit bei vorsätzlicher Herbeiführung des Versicherungsfalles zu sein[54]. Hinsichtlich streikender oder ausgesperrter Arbeitnehmer trage dieser Gedanke unmittelbar. Hinsichtlich mittelbar kampfbetroffener Arbeitnehmer müsse man Gewerkschaften und Arbeitnehmer unter kollektiven kampftaktischen Zusammenhängen als einheitliche Kampfpartei sehen, so daß man es auch bei mittelbarer Betroffenheit mit einer willentlichen (bedingt vorsätzlichen) Herbeiführung des Versicherungsfalles zu tun habe; eine solche Wertung habe der Gesetzgeber zulässigerweise in § 116 AFG getroffen.

Dieser Gedankengang ist faszinierend, wirft aber hinsichtlich mittelbar betroffener Arbeitnehmer nicht unerhebliche Zurechnungsprobleme auf.

b) *Zurechnungsproblematik*

Im Grunde wird mit diesem Gedankengang die arbeitsrechtliche „Sphärentheorie", die man gerade überwunden wähnte[55], in einem neuen Zusammenhang wieder eingeführt. Das könnte nicht überzeugen. Ein engerer Ansatz wäre eine Anlehnung an die privatversicherungsrechtlichen Grundsätze über die „Repräsentantenhaftung". Hält man eine derartige Anlehnung nach der Struktur der Versicherungssysteme[56] prinzipell für diskutabel, so bedeutet das in der herkömmlichen Terminologie, daß sich die Versicherten das Verhalten Dritter zurechnen lassen müssen, die in dem betreffenden „Geschäftsbereich aufgrund eines Vertretungs- oder eines ähnlichen Verhältnisses an die Stelle des Versicherten getreten sind"[57].

---

[53] Deutlich *Seiter* (Fn. 6), S. 71.
[54] Vgl. im einzelnen *Seiter* (Fn. 6), S. 22 f. m. w. Nachw.
[55] Vgl. vor allem die Grundsatzentscheidung BAG AP Nr. 70 zu Art. 9 GG Arbeitskampf = NJW 1981, S. 937 ff. unter I 2 a der Entscheidungsgründe. Kritisch zur „Sphärentheorie" auch *G. Müller* (Fn. 27), S. 187 f.
[56] Im Privatversicherungsrecht spielt diese Rechtsfigur nur in der „Nichtpersonenversicherung" eine Rolle. Dementsprechend ist sie in der „sozialen Personenversicherung" — Renten-, Kranken- und Unfallversicherung — unbekannt. Die Arbeitslosenversicherung läßt sich aber systematisch zur „Nichtpersonenversicherung" (und dort zur Schadensversicherung) zählen.
[57] Vgl. *Prölss / Martin*, VVG, 23. Aufl. 1984, § 6 Anm. 8 B mit umfangreichen Nachweisen.

Speziell mit Blick auf die nichtorganisierten Arbeitnehmer könnte es sich dabei nur um ein *gesetzliches* Repräsentantenverhältnis handeln, wofür § 116 AFG die Grundlage abgeben müßte. Nimmt aber, allgemein gesehen, die kämpfende Gewerkschaft *stets* die „Geschäfte" aller auch mittelbar betroffenen Arbeitnehmer wahr? Hier wäre, will man auf *überzeugungskräftige* Zurechnungsgründe rekurrieren, u. a. wieder zu differenzieren nach sachlichem und räumlichem Tarifgebiet. Tatsächlich ließe sich das — unstreitige — Ruhen des Arbeitslosengeldes im fachlichen und räumlichen Tarifbereich mit unter diesem Aspekt erklären. Auch der „Stellvertretungs-Gedanke", der dem § 4 Neutralitäts-Anordnung und dem § 116 III 1 Nr. 2 des Regierungsentwurfs zum AFG[58] zugrunde liegt, wäre mit von hier aus zu rechtfertigen. Letztgenannte Bestimmungen werfen aber, wie noch zu zeigen sein wird[59], aus anderen Gründen ordnungspolitische und rechtliche Probleme auf.

Außerdem ist, was bisher vernachlässigt wurde, Art. 69 Buchst. f) des IAO-Abkommens Nr. 102 vom 28. 6. 1952 über die Mindestnormen der Sozialen Sicherheit, dem die Bundesrepublik Deutschland durch Gesetz vom 18. 9. 1957[60] beigetreten ist, mitzuberücksichtigen. In dieser Bestimmung heißt es ausdrücklich, daß eine von dem Übereinkommen erfaßte Leistung ruhen kann, „wenn der (Versicherungs-)Fall von der betreffenden Person (!) vorsätzlich herbeigeführt worden ist". Legt man zugrunde, daß das IAO-Abkommen bei der Schaffung bzw. Auslegung innerstaatlichen Rechts jedenfalls unter dem Gesichtspunkt zu berücksichtigen ist, daß der Gesetzgeber sich von völkerrechtlicher Vertragsloyalität leiten läßt[61], so bestehen aus Art. 69 Buchst. f) des Abkommens Bedenken, § 116 AFG *ohne weiteres* als versicherungsrechtliche Zurechnungsnorm in dem erörterten *weiten* Sinne zu werten. Zumindest würden die schon zu Art. 69 i) des IAO-Abkommens bestehenden Rechtsprobleme[62] um weitere Abgrenzungs-

---

[58] Dazu unten E I.
[59] Vgl. unten E II.
[60] BGBl. II S. 1321.
[61] Dazu *Schwerdtfeger* (Fn. 4), S. 67 f.; *Seiter* (Fn. 6), S. 37 m. w. Nachw.
[62] Dazu zuletzt *Seiter* (Fn. 6), S. 36 ff.; *Heintzen / Eilers* DB 1986, S. 271 ff. mit umfassenden Nachweisen. Siehe auch unten F IV 1 und F II 2 bei Fn. 240 ff.

I. Versicherungsrechtliche Grundlagen 25

schwierigkeiten erweitert. Der praktischen Rechtsanwendung wäre damit — auch unter Berücksichtigung der erwähnten Differenzierungsfragen — wenig gedient. Immerhin können die versicherungsrechtlichen Überlegungen zur wissenschaftlichen Durchdringung der Problematik[63] und zur Versachlichung der rechtspolitischen Diskussion beitragen.

3. Beitragspflicht der Arbeitgeber und Legitimationsproblematik

Das versicherungsrechtliche Kernproblem bildet nach hiesiger Auffassung der Umstand, daß die Arbeitgeber die Hälfte der von der Bundesanstalt erhobenen Beiträge aufbringen müssen[64] und damit auch für die hier untersuchten Leistungen der Bundesanstalt.

Ganz generell wird die Beitragspflicht der Arbeitgeber zur Sozialversicherung mit der Fürsorgepflicht für ihre Arbeitnehmer begründet[65], die Beitragspflicht nach dem Arbeitsförderungsgesetz auch mit Vorteilen dieses Gesetzes für die Arbeitgeber[66]; mit dem Vorteilsgedanken verschlungen ist der topos der Verantwortungs- bzw. Risikosphäre[67]. Eine einschlägige *Fürsorgepflicht* kann jedoch für Zeiten eines Arbeitskampfes angesichts der bestehenden akuten Interessengegensätze[68] nicht überzeugen, denn mit einer diesbezüglichen gesetz-

---

[63] In diesem Sinne wohl auch *Seiter* (Fn. 6), S. 23; akzentuierter aber S. 73 in Ziff. 9 der „Zusammenfassung der wichtigsten Ergebnisse". Vgl. auch unten F II 2 bei Fn. 240 ff.

[64] Siehe § 167 AFG und dazu auch *Kreuzer* (Fn. 3), S. 48 f.

[65] Vgl. BVerfGE 11, S. 105 (113); 14, S. 312 (317); *Gitter* (Fn. 37), S. 50; *Gagel / Gagel*, AFG, 1984, § 167 Rdnr. 4; H. *Bogs*, Die Sozialversicherung im Staat der Gegenwart, 1973, S. 88 ff. Nach *Gitter* und *Bogs* a.a.O. wird durch den Beitragsanteil des Arbeitgebers, der *wirtschaftlich* als Lohnbestandteil angesehen wird, dessen Bereitschaft wachgehalten, „sozialfürsorgliche Verantwortung für die seinen Unternehmergewinn mitermöglichenden Arbeitnehmer zu tragen".

[66] Vgl. BVerfGE 53, S. 313 (325); *Gagel / Gagel* (Fn. 65), § 167 Rdnr. 4; G. *Müller* (Fn. 27), S. 176 ff.

[67] Vgl. hierzu *Bley*, Sozialrecht, 4. Aufl. 1982, S. 185.

[68] Vgl. dazu nur *Scholz* in Maunz / Dürig / Herzog / Scholz, GG, Stand April 1985, Art. 9 Rdnrn. 161 ff.; *Rüthers* in Brox / Rüthers, Arbeitskampfrecht, 2. Aufl. 1982, S. 1 ff. Der von *Gitter* und *Bogs* (vgl. Fn. 65) betonte Aspekt der Sozialfürsorge für die den „Unternehmergewinn mitermöglichenden" Arbeitnehmer kommt für Zeiten des Arbeitskampfes schlechterdings nicht zum Tragen.

lichen Fürsorgepflicht zwingt der Gesetzgeber die Arbeitgeber zur mittelbaren Unterstützung des Kampfgegners. Auch nur annähernd äquivalente *Vorteile* zieht der Arbeitgeber während des Arbeitskampfes aus der Arbeitslosenversicherung jedenfalls nicht unmittelbar. Ob „mittelbare Vorteile wegen Risikoentlastung" zu bejahen sind, hängt von der anschließend zu erörternden schwierigen Beurteilung der komplexen Rechtslage nach allgemeinem Schuld- und Arbeitsrecht ab.

Im Schrifttum plädiert man allerdings zum Teil für eine Pauschalbetrachtung, die die *Gesamtaufgaben* der Bundesanstalt im Auge haben müsse[69]. Der Bundesanstalt obliegen nach dem AFG in der Tat vielfältige Aufgaben[70], an deren Wahrnehmung auch die Arbeitgeber ein mehr oder weniger starkes Interesse haben. Es kann sicherlich nicht darum gehen, das Interesse jeder Seite im *Einzelfall* zu bewerten[71]. Vielmehr sind die allgemeinen Aufgaben der Bundesanstalt und auch der Kernbereich der Arbeitslosenversicherung weiterhin einheitlich zu betrachten und von beiden Seiten gemeinsam zu finanzieren. Möglich muß aber eine versicherungstechnische Verselbständigung des Arbeitskampfrisikos innerhalb der Arbeitslosenversicherung sein. Dazu drängen die schon angesprochene Legitimationsproblematik, des weiteren eine konsequente Durchführung des Neutralitätsprinzips[72] und schließlich auch eine Reihe weiterer Aspekte[73].

Gegen die hiesige Sicht spricht nicht entscheidend, daß der Arbeitgeberanteil zu den Lohnnebenkosten zählt, *wirtschaftlich* den Arbeitskosten zugerechnet wird[74]. Denn jedenfalls *rechtlich* bildet er keinen (tarif-)vertraglichen Lohnbestandteil. Vielmehr wird er dem Arbeitgeber *gesetzlich* auferlegt. Hierfür stellt sich aber hinsichtlich des untersuchten Komplexes die Frage der inneren Legitimation. Wie schon gesagt, könnte diese in mittelbaren Vorteilen des Arbeitgebers wegen Risikoentlastung liegen.

---

[69] So z. B. *Schwerdtfeger* (Fn. 4), S. 34 f.
[70] Vgl. § 3 II AFG und die Aufzählung bei *Schwerdtfeger* a.a.O.
[71] Dagegen zu Recht *Schwerdtfeger* a.a.O.
[72] Siehe unten D II 1.
[73] Siehe bereits oben C I a. E. und unten C II 6 sowie D II 1.
[74] Vgl. *Schwerdtfeger* (Fn. 4), S. 35. Siehe auch *Gitter* und *Bogs* (Fn. 65).

II. Risikoentlastung
der Arbeitgeber durch Versicherungsschutz?

1. Parallelen zur „Haftungsersetzung durch Versicherungsschutz" in der gesetzlichen Unfallversicherung

Auf den ersten Blick fühlt man sich an die Konstruktion der „Haftungsersetzung durch Versicherungsschutz" erinnert, wie sie sich sozialversicherungsrechtlich markant in der gesetzlichen Unfallversicherung niedergeschlagen hat[75]. Bekanntlich wird die — alleinige[76] — Beitragspflicht der Arbeitgeber in der gesetzlichen Unfallversicherung nicht zuletzt damit begründet[77], daß der Arbeitgeber von seiner zivilrechtlich „an sich" in Betracht kommenden Haftung befreit ist (vgl. §§ 636 ff. RVO) und der Arbeitnehmer statt dessen auf versicherungsrechtliche Ansprüche gegen die Berufsgenossenschaft (vgl. §§ 547 ff. RVO) verwiesen wird. Bestehen zwischen beiden Problemkreisen Parallelen?

2. Betriebs- und Wirtschaftsrisiko der Arbeitgeber

Immerhin besteht heute weithin Einigkeit, daß das eigentliche, nicht arbeitskampfbedingte Betriebs- und Wirtschaftsrisiko[78] vom Arbeitgeber nicht nur hinsichtlich der allgemeinen Ertragseinbußen, sondern auch dahingehend zu tragen ist, daß er während diesbezüglicher Betriebseinstellungen dem Arbeitnehmer zur Entgeltzahlung verpflichtet bleibt. Dabei findet mehr und mehr der Ansatz von Picker[79] Gefolgschaft[80], daß es sich hinsichtlich des Betriebsrisikos um eine Ausprägung der allgemeinen „Substratsgefahr" handele, die den Unternehmer/Arbeitgeber treffe. Die für solche Betriebsstörungsfälle „zuständige" Norm sei § 615 BGB. Und das Wirtschaftsrisiko habe der Arbeitgeber sowieso zu tragen.

---

[75] Grundlegend *Sieg* ZHR 113 (1950), S. 95 ff.
[76] Vgl. § 723 I RVO.
[77] Vgl. *Gitter*, Schadensausgleich im Arbeitsunfallrecht, 1969, S. 238 ff.; ders. (Fn. 37), S. 110.
[78] Vgl. oben B I.
[79] *Picker* JZ 1979, S. 285 ff.; vgl. auch *Rückert* ZFA 1983, S. 1 ff.
[80] Vgl. nur *Zöllner* (Fn. 11), S. 196 ff.; *Richardi* JuS 1984, S. 825 (834 f.); *v. Stebut* RdA 1985, S. 66 (71 f.).

Bei der juristischen Wertung dieser (Lohn-)Risikoverteilung ist freilich mitzuberücksichtigen, daß der Unternehmer/Arbeitgeber in vielfältiger Weise durch rechtlich in Betracht kommende Schadensersatzansprüche gegen seine Lieferanten[81] bzw. Abnehmer[82] Entlastung finden kann, die Rechtsordnung mithin eine weitverzweigte Schadensverteilung bzw. -aufteilung vorsieht. Daneben kann der Unternehmer etliche der ihm unmittelbar und in Form der Entgeltzahlungspflichten drohenden Betriebsrisiken bzw. -schäden durch Abschluß von Privatversicherungen — z. B. Feuerversicherung, Betriebsunterbrechungsversicherung, Versicherung gegen Ausfall der öffentlichen Elektrizitätsversorgung — absichern.

3. Entlastung mittelbar kampfbetroffener Arbeitgeber der gleichen Branche außerhalb des räumlichen Tarifgebiets?

Die hier interessierende Frage ist nun, ob während und infolge des Streiks eine *Risikoentlastung* zugunsten des Arbeitgebers durch die Arbeitslosenversicherung stattfindet. Immerhin wird der — auch mittelbar vom Streik betroffene — Arbeitgeber im dargestellten Rahmen[83] von seinen Entgeltzahlungspflichten frei. Soweit einsetzende Leistungen der Arbeitslosenversicherung als „Haftungssurrogate" der Arbeitgeber zu erklären wären, könnte von mittelbaren Vorteilen der Arbeitgeber durch die Arbeitslosenversicherung gesprochen werden.

Eine derartige Deutung ist jedoch allenfalls partiell und nur unter bestimmten Prämissen gerechtfertigt. Die Begründung ergibt sich beim heutigen Stand der Privatrechtsdogmatik aus Überlegungen, die im Ansatz einmal zwischen dem Betriebs- und dem Wirtschaftsrisiko sowie zum anderen zwischen „individualrechtlichen"[84] und kollektiv-/arbeitskampfrechtlichen Aspekten differenzieren.

---

[81] Einschlägig sind vor allem die Regeln über Unmöglichkeit und Schuldnerverzug.

[82] Wie in der Beziehung zu den Lieferanten wird hier vorausgesetzt, daß bereits Vertragsbeziehungen bestehen, vgl. auch unten C II 3 b).

[83] Siehe oben B I.

[84] Diese gebräuchliche Terminologie ist mißverständlich, da auch bei diesem Ansatz Aspekte des Arbeitskampfes Berücksichtigung finden. Anders als bei der kollektivrechtlichen Begründung des Bundesarbeitsgerichts

II. Risikoentlastung der Arbeitgeber durch Versicherungsschutz? 29

a) Betriebsrisiko

Hinsichtlich der Betriebsrisikofälle hat ebenfalls Picker[85] unter breiter Zustimmung des Schrifttums herausgearbeitet, daß bei arbeitskampfbedingten Betriebsstörungen die sonst „zuständige" Norm des § 615 BGB nicht anzuwenden (sondern auf die allgemeine Regel des § 323 BGB zurückzugreifen) ist. Maßgeblicher Grund für dieses Ergebnis: Wenn der Staat den Arbeitskampf als rechtmäßiges Geschehen mit Eingriffsmöglichkeiten in fremde Rechtssphären institutionalisiert, kann man es nicht bei der Gefahrtragungsregelung zu Lasten des Arbeitgebers belassen[86]. Picker stellt dabei maßgeblich darauf ab, daß die Rechtsordnung dem Arbeitgeber das Arbeitssubstrat aus der Hand nehme und die „Entscheidung über sein Schicksal in die Hände dritter Personen" lege. „Der arbeitskampfbetroffene Arbeitgeber kann die Funktionsfähigkeit seines Betriebs nicht nur rein tatsächlich nicht aufrechterhalten. Ihre Aufrechterhaltung ist ihm gerade auch *rechtlich* verwehrt: Weder durch die Anrufung der Polizei noch durch die der Gerichte könnte er die Störungen seines Betriebs inhibieren."[87]

Bei mittelbar streikbetroffenen Betrieben, um die es hier ja geht, erscheint „individualrechtlich" (zusätzlich) bedeutsam, daß der Betrieb weder mit Erfolg gegen seine Vorlieferanten[88] auf Leistung noch gegen diese wie auch gegen die streikinitiierende Gewerkschaft[89] auf Schadensersatz klagen könnte. Das für eine arbeitsteilige Wirtschaft konstitutive System der Leistungserzwingung bzw. der Schadensersatzsanktionen bei (schuldhafter) Nichtleistung ist ebenso derogiert wie auch das allgemeine Deliktsrecht. Dann ist in der Tat auch die Derogation der Entgeltzahlungspflicht des Arbeitgebers gegenüber seinen Arbeitnehmern die konsequente Folge. Im Ergeb-

---

tritt aber der Gedanke der (konkreten) Einflußmöglichkeit auf die „Kampfparität" in den Hintergrund.

[85] *Picker* JZ 1979, S. 292 ff.

[86] So in Zustimmung zu Picker zusammenfassend *Richardi* JuS 1984, S. 825 (835).

[87] *Picker* JZ 1979, S. 293.

[88] Vgl. die Ausführungen unten C II 3 b) und D II 2.

[89] Nach allgemeinen zivilrechtlichen Grundsätzen wären „an sich" Schadensersatzansprüche nach § 826 BGB, u. U. auch nach § 823 I BGB denkbar, vgl. nur *Schlüter* in Brox / Rüthers (Fn. 68), Rdnrn. 399 ff.

nis deckt sich dies für den hier behandelten Komplex regelmäßig mit der kollektivrechtlich begründeten Entscheidungspraxis des Bundesarbeitsgerichts[90].

b) Wirtschaftsrisiko

Stärker umstritten ist die „individualrechtliche" Beurteilung der Rechtslage in den Fällen des Wirtschaftsrisikos. Teils wird dafür plädiert, Wirtschafts- und Betriebsrisikofälle gleichzubehandeln[91]. Nach anderer Auffassung ist der Arbeitgeber in den Fällen des Wirtschaftsrisikos immer zur Lohnzahlung verpflichtet. Der Umstand, daß die Fortführung der technisch möglichen Eigenproduktion „wirtschaftlich sinnlos" geworden sei, könne den Arbeitgeber nicht entlasten. Denn nach dem geltenden Schuld- und Vertragsrecht gehe es den Schuldner nichts an, ob sein Gläubiger die angebotene Leistung gebrauchen könne oder nicht. Das Risiko ihrer Verwertbarkeit falle nach geltendem Recht ausschließlich und für alle Typen von Austauschverträgen allein dem Gläubiger zu[92].

Sicher ist richtig, daß der Gläubiger generell ohne Rücksicht auf die Verwertbarkeit der ihm angebotenen Leistung in Gläubigerverzug gerät. So wird denn auch in Arbeitskampffällen ein Gläubigerverzug des bestreikten Unternehmers/Arbeitgebers, der Lieferungen nicht annimmt, überwiegend bejaht[93]. Aufhorchen läßt freilich die dafür gegebene Begründung: Der Gläubigerverzug sei eben nach objektiven Gesichtspunkten zu beurteilen, so daß es auf ein Verschulden des Gläubigers nicht ankomme. Auch entstehe für den Arbeitgeber/Unternehmer kein Konflikt zwischen der Wahrnehmung seiner Sozialpartnerfunktion und der Erfüllung einer zivilrechtlichen Vertragspflicht, da die Nichtabnahme hier nur zu finanziellen Belastungen führen könne, die mit dem Wirkungsmechanismus des Arbeitskampfs durchaus vereinbar seien[94].

---

[90] Siehe oben B I bei Fn. 13. Umfassender Überblick zur ganzen Problematik bei *Rüthers* in Brox / Rüthers (Fn. 68), Rdnrn. 169 ff.

[91] So z. B. deutlich *Zöllner* (Fn. 11), S. 200 f.; *Rüthers* in Brox / Rüthers (Fn. 68), Rdnr. 171 m. w. Nachw. in Fn. 183.

[92] Vgl. *Picker* JZ 1979, S. 293; *Richardi* JuS 1984, S. 834.

[93] *Löwisch* AcP 174 (1974), S. 202 (253 f.); *Schlüter* in Brox / Rüthers (Fn. 68), Rdnr. 393.

[94] Vgl. *Schlüter* in Brox / Rüthers (Fn. 68), Rdnr. 393 m. w. Nachw.

II. Risikoentlastung der Arbeitgeber durch Versicherungsschutz?

Diese Argumentation stimmt deshalb nachdenklich, weil Leistungspflichten und daraus resultierende Schadensersatzsanktionen im Schrifttum überwiegend gerade nicht unter *Verschuldens-*, sondern unter *Rechtswidrigkeits*aspekten als während des Arbeitskampfes derogiert angesehen werden: Soweit der bestreikte Unternehmer/Arbeitgeber seine Funktion als Sozialpartner erfülle, sei die Nichterfüllung vertraglicher Leistungspflichten gegenüber seinen Abnehmern — mit Ausnahme von Geldleistungspflichten und vergleichbaren Verbindlichkeiten[95] — nicht rechtswidrig — mit entsprechenden Konsequenzen für die einschlägigen Regeln über Leistungsstörungen[96]. „Rechtfertigungsgründe" greifen aber — analog — auch beim Gläubigerverzug durch, der als Ausprägung einer Obliegenheitsverletzung zu begreifen ist[97].

Dies scheint die im Schrifttum vertretene Mindermeinung[98] zu stützen, wonach der bestreikte Arbeitgeber *generell* von den gesetzlich festgelegten Folgen des Gläubigerverzugs freigestellt sein soll, da die Nichtannahme von Leistungen seiner Vertragspartner gerechtfertigt sei. Indessen spricht vieles für eine modifizierende Lösung: *Soweit* entgegen der heute herrschenden Meinung doch ein Konflikt der angedeuteten Art — der Arbeitgeber in seiner ambivalenten Stellung als Sozial- und Vertragspartner — feststellbar ist, läßt sich eine Derogation der ihn unter „funktionswidrigen Druck" setzenden Vertragsrechtsbestimmungen begründen. Ist nämlich der Unternehmer mangels arbeitswilliger Arbeitnehmer schlicht nicht in der Lage, die ihm angebotene Ware anzunehmen, so mag das bei Abwägung aller in Betracht kommenden Aspekte *grundsätzlich* die Folgen des Gläubigerverzugs auslösen. Die Abwägung führt aber zu Modifizierungen im Detail. Erhebliche Bedenken bestehen beispielsweise dagegen, dem Vertragspartner die Versteigerungsbefugnis nach den

---

[95] Vgl. *Löwisch* AcP 174, S. 235, 237; *Schlüter* in Brox / Rüthers (Fn. 68), Rdnr. 381.

[96] Vgl. nur *Löwisch* AcP 174, S. 233 ff.; *Schlüter* in Brox / Rüthers (Fn. 68), Rdnrn. 381 ff. m. w. Nachw. Auf Verschuldensaspekte stellt demgegenüber jüngst *Richardi* JuS 1984, S. 825 ff. ab.

[97] *Reimer Schmidt*, Die Obliegenheiten, 1953, S. 115, 149 ff.; MünchKomm.-*Walchshöfer*, 2. Aufl. 1985, § 293 Rdnr. 10 m. w. Nachw.

[98] Repräsentativ *Hueck / Nipperdey* (*Säcker*), Arbeitsrecht, Bd. II/2, 7. Aufl. 1970, S. 954 ff.

§§ 383 ff. BGB, 373 HGB zuzuerkennen. Denn damit wird typischerweise der Gläubiger, und zwar häufig mit Auswirkungen auf weitere Abnehmer in der Absatzkette, nicht nur mit „finanziellen Belastungen" belegt, sondern mit tiefgreifenden, nicht nur vorübergehenden Funktionsstörungen, die mit dem „Wirkungsmechanismus des Arbeitskampfes" — auch unter übergeordneten gesamtwirtschaftlichen Aspekten — schwerlich in Einklang zu bringen sind.

Methodisch ist eine derartige Differenzierung freilich nur möglich, wenn man entgegen der herrschenden Lehre nicht entscheidend bzw. primär auf die Kategorien der Rechtswidrigkeit oder des Verschuldens abstellt, sondern im Wege der Interessen- und Güterabwägung eine Normenkollision auflöst, eine *Konkordanz* zwischen miteinander kollidierenden Normenkomplexen herbeiführt, wie dies beispielsweise für Grundrechtskollisionen[99], für das Verhältnis von Gesellschafts- und Kartellrecht[100] und auch für das Verhältnis von Gesellschafts- und Mitbestimmungsrecht[101] geläufig ist.

Zu bedenken ist weiter, daß der arbeitskampfbetroffene Abnehmer ja nicht nur *Gläubiger*, sondern auch *Schuldner* ist. Selbst wenn man annimmt, daß der Abnehmer in dieser Rolle erfolgreich auf *Zahlung* in Anspruch genommen werden kann (vgl. §§ 433 II, 320, 322, 274 II BGB)[102], so besteht doch weithin Einigkeit, daß die regelmäßig bestehende *Abnahmepflicht* (insbesondere gem. § 433 II BGB) während des Arbeitskampfes grundsätzlich weder durchsetzbar noch schadensersatzbewehrt ist[103].

Alles in allem geht es mithin auch beim Wirtschaftsrisiko nicht allein darum, daß die Produktion des Lieferbetriebes „wirtschaftlich sinnlos" geworden ist oder für den Gläubiger allein die Verwertbarkeit der ihm angebotenen Leistungen in Rede steht. Vielmehr ver-

---

[99] Vgl. *Larenz*, Methodenlehre, 4. Aufl. 1979, S. 392 ff.; *Hesse*, Grundzüge des Verfassungsrechts, 13. Aufl. 1982, S. 127 ff.

[100] *Immenga* in Immenga / Mestmäcker, GWB, 1981, § 1 Rdnrn. 368 ff.; *Kellermann* in FS Robert Fischer, 1979, S. 307 (314 ff.).

[101] Vgl. *Ulmer* in Hanau / Ulmer, Mitbestimmungsgesetz, 1981, Einl. Rdnr. 54 m. w. Nachw.

[102] So *Löwisch* AcP 174, S. 253.

[103] Vgl. *Löwisch* AcP 174, S. 255; *Schlüter* in Brox / Rüthers (Fn. 68), Rdnr. 394.

sagt die Rechtsordnung bei dieser Fallgestaltung dem Lieferbetrieb unter arbeitskampfrechtlichen Aspekten gleichfalls die Geltendmachung maßgeblicher Rechte, wenn auch Einzelheiten noch ungeklärt sind. Aus dieser Perspektive läßt sich dann durchaus auch für das Verhältnis zwischen mittelbar arbeitskampfbetroffenem Arbeitgeber und Arbeitnehmer über eine Durchbrechung des § 615 BGB (mit Rückgriff auf die allgemeinen Regeln der §§ 293 ff. BGB)[104] diskutieren.

Dem ganzen Problemkomplex weiter nachzugehen, ist an dieser Stelle nicht möglich, für den untersuchten Zusammenhang aber auch nicht nötig. Denn jedenfalls nach der kollektivrechtlich begründeten Rechtsprechung des Bundesarbeitsgerichts sind Betriebs- und Wirtschaftsrisikofälle gleichzubehandeln, wenn und soweit die dabei herangezogenen Aspekte der Kampfparität[105] vorliegen, was hier zugrunde gelegt ist.

c) Folgerungen

Sowohl die „individualrechtlich" wie die kollektivrechtlich begründete Entlastung der mittelbar streikbetroffenen Arbeitgeber von ihrer Lohnzahlungspflicht ist nach allem in den untersuchten Fallgestaltungen rechtlich ohne inneren Zusammenhang mit den fraglichen Arbeitslosen- oder Kurzarbeitgeldleistungen legitimiert: „individualrechtlich" als Ausgleich für mannigfach verweigerte Rechte, die für die Arbeitgeber nach allgemeinem Zivilrecht „an sich" in Betracht kämen; kollektivrechtlich zur Wahrung der Arbeitskampfparität von Arbeitgeber- und Arbeitnehmerseite, im übrigen zugleich auch als Korrektiv für die Nichteinräumung bzw. Einschränkung eines Rechts auf (Sympathie-)Abwehraussperrung[106].

---

[104] Zugunsten des betroffenen Gläubigers werden bei dem skizzierten Ansatz *generell* gesetzliche Regeln, die ihn unter „arbeitskampfinadäquaten" Druck setzen, derogiert — mit unterschiedlichen Konsequenzen für die verschiedenen Rechtsbereiche. Die von *Picker* (JZ 1979, S. 293) befürchtete Ungleichbehandlung zu Lasten der Arbeitnehmer ist damit nicht gegeben.

[105] Vgl. oben B I.

[106] So ausdrücklich *Richardi* JuS 1984, S. 835 in Würdigung der BAG-Rechtsprechung, insbesondere BAG AP Nr. 64 u. Nr. 65 zu Art. 9 GG Arbeitskampf. Zur prinzipiellen Unzulässigkeit von Sympathiearbeitskämpfen vgl. jetzt BAG DB 1985, S. 1695 ff.

34 C. Versicherungs-, schuld- und arbeitsrechtl. Problemzusammenhang

So gesehen erlangen die Arbeitgeber durch diesbezügliche Leistungen der Bundesanstalt an die Arbeitnehmer keine „mittelbaren Vorteile in Form einer Risikoentlastung". Ihre Beitragspflicht läßt sich mithin nicht unter diesem Aspekt rechtfertigen.

4. Entlastung der Arbeitgeber bei nicht-kampfbedingter Kurzarbeit?

Gegenüber dieser Feststellung ist der Einwand zu erwarten, daß die Arbeitgeber in den eigentlichen, nicht-arbeitskampfbedingten Betriebs- und Wirtschaftsrisikofällen ihre Lohnzahlungspflicht unter den gesetzlich vorgesehenen Voraussetzungen auf die Bundesanstalt abwälzen könnten[107], hier somit eine Entlastung zugunsten der Arbeitgeber stattfinde, obwohl diese nur 50 % der Beiträge leisteten.

Eine derartige Argumentation greift indessen zu kurz. Denn das Kurzarbeitergeld dient ganz wesentlich dazu, den Betrieben die eingearbeiteten Arbeitskräfte zu erhalten *und* den Arbeitnehmern die Arbeitsplätze, vgl. § 63 I 1 AFG[108]. Ohne diese sozialrechtliche Absicherung liefe der Arbeitnehmer in den fraglichen Fällen Gefahr, aus betriebsbedingten Gründen entlassen zu werden[109]. Unter diesem Aspekt ist es dann auch gerechtfertigt, ihn diesbezüglich an den Beiträgen zu beteiligen.

5. Entlastung mittelbar kampfbetroffener Arbeitgeber fremder Branchen?

Zu berücksichtigen ist allerdings noch die Sach- und Rechtslage in bezug auf mittelbar betroffene Betriebe außerhalb des fachlichen Geltungsbereichs des umkämpften Tarifvertrages. Legt man die kampfparitätsbezogene Rechtsprechung des Bundesarbeitsgerichts zugrunde[110], so signalisiert diese jedenfalls die Tendenz, den mittel-

---

[107] Vgl. §§ 53 ff. AFG. Auch BAG NJW 1981, S. 937 weist darauf hin, daß sich „die Last des Betriebs- und des Wirtschaftsrisikos ... mit den Mitteln des Betriebsverfassungsrechts und des Arbeitsförderungsgesetzes abmildern" lasse.

[108] In diesem Sinne auch die Regierungsbegründung zum AFG von 1969, vgl. BT-Ds. V/2291, S. 55, 70. Vgl. weiter BSGE 46, S. 218 (222).

[109] Zu Einzelheiten dieses Zusammenhangs aus jüngster Zeit *Denck* ZFA 1985, S. 249 ff.

[110] Vgl. B I bei Fn. 13.

II. Risikoentlastung der Arbeitgeber durch Versicherungsschutz?

bar betroffenen Arbeitnehmern branchenfremder Betriebe grundsätzlich einen Anspruch auf Entgeltzahlung gegen den Arbeitgeber zuzusprechen, auch wenn kampfbedingt keine Beschäftigungsmöglichkeit besteht (oder der Warenabsatz stockt). Andererseits besteht auf der Grundlage des § 4 Neutralitäts-Anordnung keine Neutralitätspflicht der Bundesanstalt[111]. Will der kampfbetroffene Arbeitgeber der Lohnzahlungspflicht entgehen, so kann und muß er Kurzarbeit einführen[112]. Eine gleichartige Regelung sieht § 116 I 2 AFG in der Fassung des Regierungsentwurfs — insoweit auf der Basis eines Konsenses von Arbeitgeber- und Arbeitnehmerseite[113] — vor.

Auf der Grundlage der BAG-Rechtsprechung läßt sich mithin die Faustformel aufstellen, daß für diesen Komplex die Leistungen der Bundesanstalt zu einer „Risikoentlastung durch Versicherungsschutz" zugunsten der Arbeitgeber führen. Allerdings sind Interpretation und Bewertung der BAG-Rechtsprechung gerade in diesem Punkt überaus umstritten[114]. Unter den oben umrissenen „individualrechtlichen" Aspekten[115] ließe sich eine Lohnzahlungspflicht der Arbeitgeber in der Tat durchaus verneinen. Hinzu kommt, daß die Einführung der Kurzarbeit für diesen Komplex vollen Umfangs unter dem Mitbestimmungsrecht des Betriebsrats gem. § 87 I Nr. 3 BetrVerfG steht[116]. Zumindest rechtspolitisch betrachtet ist somit *sachlich* eine „Risikoentlastung des Arbeitgebers durch Versicherungsschutz" nicht unzweifelhaft. *Verfahrensmäßig* hätte zudem ein „interessenmäßig der kämpfenden Gewerkschaft verbundener Betriebsrat eine Reihe von Möglichkeiten der Verzögerung"[117] einer derartigen Ent-

---

[111] Dies folgt aus einem Umkehrschluß aus § 4 Neutralitäts-Anordnung. Zur Problematik auf der Basis von § 116 AFG siehe *Seiter* (Fn. 6), S. 67 m. w. Nachw.

[112] Vgl. auch *Seiter* (Fn. 6), S. 8.

[113] Vgl. bereits oben bei Fn. 16.

[114] Vgl. *Seiter* DB 1981, S. 578 (581); *Zöllner* (Fn. 11), S. 201; *Rüthers* in Brox / Rüthers (Fn. 68), Rdnr. 173 m. w. Nachw.

[115] Siehe oben C III 3.

[116] Die Entscheidungen BAG NJW 1981, S. 937 (940 ff.) und NJW 1981, S. 942 f., die das Mitbestimmungsrecht des Betriebsrats auf die *Durchführungs*modalitäten beschränken, beziehen sich nicht auf diesen Komplex, vgl. auch *Seiter* (Fn. 6), S. 8 Fn. 36.

[117] So *Seiter* (Fn. 6), S. 8 Fn. 36.

lastung. Aus rechtlicher Sicht läßt sich dieser Problembereich daher nicht ohne weiteres als Kompensation für den unter Ziff. 3 behandelten Komplex werten. Versicherungstechnische Zahlen über die Leistungen hier und dort sind dem Außenstehenden nicht verfügbar. Im übrigen spricht die Manipulationsgefahr dagegen, diesen Komplex (uneingeschränkt) den Arbeitgebern zuzurechnen. Immerhin bietet sich hier ein Ansatzpunkt für modifizierende Lösungen.

6. Zwischenergebnis

Zusammenfassend ist nach den derzeitigen Erkenntnissen und verfügbaren Daten davon auszugehen, daß für den untersuchten Problemkreis den Beitragspflichten der Arbeitgeber keine eigenen äquivalenten Vorteile gegenüberstehen. Dabei können die primär zum Streik angestellten Überlegungen entsprechend der heute herrschenden Meinung sinngemäß auf den Fall der Abwehraussperrung[118] übertragen werden. Insgesamt wird damit der Vorwurf der Arbeitgeberseite, auf dem Wege über eine Leistungspflicht der Bundesanstalt an mittelbar arbeitskampfbetroffene Arbeitnehmer wären sie gezwungen, auf Arbeitnehmerseite entstehende Streikfolgen zu subventionieren[119], verständlich.

Es kann auch nicht überzeugen, wenn Beitragspflicht und etwaige Vorteile der Arbeitgeber *pauschal* auf die Leistungen der Bundesanstalt für Arbeit bezogen werden[120]. Denn erstens bezieht sich gerade das vielbeschworene Neutralitätsgebot allein auf das Arbeitskampfrisiko. Eine umfassende Beleuchtung des Neutralitätsgebots — auch unter versicherungstechnischen Aspekten — ist aber schwerlich möglich, wenn dieser Risikokomplex nicht hinsichtlich der Beiträge *und* Leistungen eigenständig betrachtet wird. Für dieses Risiko ergeben sich auch, wie erörtert[121], spezifische Probleme zum Versicherungsbegriff und zur Frage der vorsätzlichen Herbeiführung des Ver-

---

[118] Vgl. nur BAG NJW 1981, S. 942 (943); *Rüthers* in Brox / Rüthers (Fn. 68), Rdnrn. 175 ff., jeweils m. w. Nachw.
[119] So deutlich der Arbeitgeberverband Gesamtmetall, vgl. „Tagesspiegel" vom 22. 11. 1985.
[120] Vgl. oben bei Fn. 69 ff.
[121] Vgl. oben C I 1 u. 2.

II. Risikoentlastung der Arbeitgeber durch Versicherungsschutz? 37

sicherungsfalls. Weiter ist bei diesem Risiko bis heute in Details umstritten, ob überhaupt die Voraussetzungen der Arbeitslosigkeit und/oder Kurzarbeit vorliegen[122]. Andererseits fehlt hier die für die allgemeine Arbeitslosenversicherung charakteristische Konjunkturabhängigkeit[123].

Eine Verselbständigung des Arbeitskampfrisikos stellt im übrigen eine konsequente Weiterentwicklung der schon früher in Gang gesetzten Risikodifferenzierung im Arbeitsförderungsgesetz dar. Denn beispielsweise[124] wird auch das allein von den Arbeitgebern finanzierte Konkursausfallgeld von den sonstigen Leistungen der Bundesanstalt isoliert[125], also insoweit eine klare versicherungstechnische Risikozuordnung vorgenommen. Außerdem besteht in letzter Zeit ganz allgemein die — begrüßenswerte — gesetzgeberische Tendenz, bei den Leistungen nach dem Arbeitsförderungsgesetz dem versicherungstechnischen Äquivalenzprinzip[126] stärker zum Durchbruch zu verhelfen[127].

---

[122] Vgl. nur die Hinweise bei *Seiter* (Fn. 6), S. 2 mit Fn. 8.
[123] Vgl. oben bei Fn. 40 ff.
[124] Hingewiesen sei auch auf Leistungen im Rahmen der „Produktiven Winterbauförderung" nach §§ 77 ff. AFG und auf die hierfür allein von den betroffenen Arbeitgebern des Baugewerbes aufzubringende Umlage, vgl. § 186 a AFG.
[125] Vgl. §§ 186 b - d und §§ 141 a - n AFG.
[126] Allgemein hierzu bedeutsam aus jüngster Zeit *Schmähl* (Hrsg.), Versicherungsprinzip und soziale Sicherung, 1985. Speziell zum Äquivalenzprinzip in der Arbeitslosenversicherung *Schmähl*, a.a.O., S. 1 (7) und *Meinhold*, a.a.O., S. 13 (23).
[127] Vgl. nur § 106 a AFG und dazu *Gagel / Steinmeyer* (Fn. 65), § 106 a Rdnrn. 1 ff.

D. Das Neutralitätsgebot in verfassungsrechtlicher und ordnungspolitischer Sicht

I. Konkretisierung des Neutralitätsgebots

Mit dem Neutralitätsgebot ist ein verfassungsrechtlicher Grundsatz angesprochen, der im Zentrum der Problemdiskussion steht, gleichwohl aber nur recht unscharfe Konturen aufweist.

Sicher ist zwischen verfassungsrechtlichem und unterverfassungsrechtlichem Neutralitätsgebot zu unterscheiden. Unterverfassungsrechtlich kommt dieses Gebot in § 116 AFG und auch in § 25 KSchG zum Ausdruck. Dabei ist überaus strittig, ob § 116 AFG eine *passive* Neutralität in dem Sinne anordnet, daß der Staat nicht durch *Leistungen* in Arbeitskämpfe eingreifen darf, oder ob eine paritätsgestaltende, fördernde Neutralität in Rede steht, die auch durch *Nichtleistungen* verletzt werden kann[128].

Hinsichtlich des verfassungsrechtlichen, in Art. 9 III GG verankerten Neutralitätsgebots besteht demgegenüber weithin Einigkeit, daß es hier nicht um eine rein passive Neutralität des Staates geht. Vielmehr hat die Rechtsordnung „fördernd" diejenigen Regelungen bereitzustellen, die für die Wahrnehmung des Rechts auf Tarifautonomie und Arbeitskampf erforderlich sind[129]. Der Gesetzgeber vermag im Sinne einer materiellen Parität einzugreifen, wenn das Verhandlungsgleichgewicht zwischen den Koalitionen grundlegend und auf

---

[128] Ausführlicher Überblick bei *Seiter* (Fn. 6), S. 15 ff., 60 ff. Aus der höchstrichterlichen Rechtsprechung vgl. BSGE 40, S. 190 (197 f. u. 203 f.) sowie Hess. LSG NZA 1984, S. 100 (103). Zur Entscheidung des Bundessozialgerichts siehe die Kontroverse zwischen *Th. Raiser* NZA 1984, S. 369 ff. und *Gagel* NZA 1985, S. 793 ff. sowie wiederum *Th. Raiser* NZA 1986, S. 113 ff.; vgl. auch *G. Müller* (Fn. 27), S. 180 ff.

[129] Vgl. *Lerche*, Verfassungsrechtliche Zentralfragen des Arbeitskampfes, 1968, S. 37 ff.; *Evers*, Arbeitskampffreiheit, Neutralität, Waffengleichheit und Aussperrung, 1969, S. 33 ff.; *Rupert Scholz*, Koalitionsfreiheit als Verfassungsproblem, 1971, S. 352 ff. und passim; *Schlaich*, Neutralität als verfassungsrechtliches Prinzip, 1972, S. 112 ff.; *Kreuzer* (Fn. 3), S. 45 f.

I. Konkretisierung des Neutralitätsgebots

Dauer — evident — gestört und damit die Richtigkeitsgewähr des Tarifvertrages in Frage gestellt wäre[130]. Hierauf zielt die Gewerkschaftsseite, wenn öffentlich geltend gemacht wird, mit der von der Bundesregierung verfolgten Reform des § 116 AFG würden Tarifverhandlungen mit einem „kollektiven Bittgang der Gewerkschaften beginnen und mit einem Diktat der Arbeitgeberverbände enden"[131].

In jüngster Zeit hat allerdings Seiter in aller Schärfe eine weitere Differenzierung herausgearbeitet[132]: Es sei ein Unterschied danach zu machen, ob der Staat lediglich *verfahrensmäßig ordnend* die Spielregeln des autonomen Auseinandersetzungsprozesses zwischen den Koalitionen festlege oder ob er in *leistungsverteilender* Funktion auftrete. in letztgenannter Hinsicht seien an die Neutralität des Staates erhöhte Anforderungen gestellt. Eine fördernde Neutralität bei der Leistungsgewährung sei mit dem ordnungspolitischen System, das dem Art. 9 III GG zugrunde liege, nämlich der Wahrung und Förderung der Arbeits- und Wirtschaftsbedingungen in einem freiheitlichen Verfahren der Auseinandersetzung und Einigung, nicht vereinbar. Danach wäre auch die von der Bundesregierung betriebene Reform des § 116 AFG schon deshalb als verfassungswidrig einzuschätzen, weil sie für gewisse Konstellationen durchaus Leistungen an mittelbar streikbetroffene Arbeitnehmer vorsieht.

Diese Sicht der Dinge erscheint aber nicht zwingend. So äußern sich z. B. Scholz / Konzen in einer für den Streitstand repräsentativen Arbeit der letzten Zeit[133] behutsamer und mit folgenden Ableitungen:

Die Garantie der Koalitionsparität meint zunächst *normative, formelle* Rechtsgleichheit und nicht faktische oder materielle Chancengleichheit. Denn das Recht des Art. 9 III GG ist als liberales Frei-

---

[130] Vgl. *Seiter* (Fn. 6), S. 15.
[131] So der Vorsitzende der IG Metall, *Mayr*, vgl. „Tagesspiegel" vom 22. 11. 1985.
[132] *Seiter* (Fn. 6), S. 44 f. mit Fn. 15 ff. Zustimmend *Schulin* (Fn. 32), S. 3 mit Fn. 20; vgl. auch G. *Müller* (Fn. 27), S. 182 ff.
[133] *Scholz / Konzen*, Die Aussperrung im System von Arbeitsverfassung und kollektivem Arbeitsrecht, 1980, S. 174 ff. mit umfangreichen Nachweisen. Zur Parität als „Kernfrage des Tarif- und Arbeitskampfrechts" ausführlich BAG AP Nrn. 64 u. 65 zu Art. 9 GG Arbeitskampf unter A IV der Entscheidungsgründe.

heitsrecht verfaßt. Der Struktur des Freiheitsrechts gemäß geht der Verfassungsgeber davon aus, daß materielle Koalitionsparität sich gerade im freiheitlichen Koalitionsverfahren formieren wird; er stellt — zunächst — darauf ab, daß die Koalitionen selbst das erforderliche Maß an faktischer Gleichheit untereinander im gegen- oder wechselseitigen Interessenkampf erreichen werden und zu erreichen haben. Der Staat wird deshalb zur Zurückhaltung, zur Neutralität verpflichtet. Er hat lediglich die Pflicht, beide Seiten gleichzubehandeln.

Koalitionsparität ist aus dieser verfassungsrechtlichen Perspektive jedoch zugleich der *materiellen* Gleichheit, Gleichgewichtigkeit oder Gleichheitsherstellung verpflichtet. Koalitionsparität verkörpert danach einen insgesamt komplexen Tatbestand, der — gemessen an Struktur und Aufgabe — sowohl formelle als auch materielle Gleichheit umfaßt. Dabei wurzelt das Prinzip der formellen Gleichheit oder Rechtsgleichheit verfassungsrechtlich letztlich in der Rechtsstaatsidee und ihren Garantien für den bürgerlichen Freiheits- sowie Gleichheitsstatus mit dem grundsätzlichen Verbot staatlicher Eingriffe, während das Prinzip der materiellen Gleichheit oder Chancengleichheit auf das Sozialstaatsprinzip zurückzuführen ist bzw. auf den sozialstaatlichen Auftrag, „durch positive Leistungsgewährung oder gesellschaftspolitische Interventionen tatsächliche Gleichheit zu erreichen"[134]. Wo die rechtsstaatliche Freiheits- und Gleichheitsgarantie als solche funktionsunfähig oder in ihren verfahrensmäßigen Voraussetzungen sozialstaatswidrig gestört ist, dort tritt die leistungs- und interventionsrechtliche Verantwortung des Sozialstaats „neben die des zunächst zur politischen und eingriffsmäßigen Zurückhaltung verpflichteten Rechtsstaats"[135].

Freilich: Art. 9 III GG stellt nicht auf den Maßstab der *konkreten*, sondern auf den der *abstrakten* Koalitionsparität ab. Abstrakte Koalitionsparität fordert das „strukturelle Gleichgewicht" der Sozialpartner, nicht die konkrete Parität im aktuellen Einzelfall[136]. Demgemäß können als verfassungsrechtlich relevant erst solche Störun-

---

[134] So ausdrücklich *Scholz / Konzen* (Fn. 133), S. 176.
[135] *Scholz / Konzen* (Fn. 133), S. 177.
[136] *Scholz / Konzen* (Fn. 133), S. 179.

I. Konkretisierung des Neutralitätsgebots

gen der Koalitionsparität gelten, die das rechtlich vorausgesetzte und zu wahrende Gleichgewicht der Koalitionen bzw. das ihnen eröffnete System gegenseitig-gleicher Kampfmittel *allgemein* und *evident* stören oder gefährden[137].

Als eine der wichtigsten konkreten Ausformungen der Neutralitätspflicht des Staates begreifen Scholz / Konzen zu Recht die Bestimmung des § 116 AFG und folgern: „So sehr heute (1979!) um die Regelung des § 116 AFG im einzelnen gestritten wird, steht die prinzipielle Richtigkeit der von ihr verfügten Rechtsfolge doch außer Frage. Denn wenn der Staat durch die Gewährung von Arbeitslosengeld zugunsten der Arbeitnehmer im Arbeitskampf tätig würde, von den Arbeitnehmern damit das Risiko wirtschaftlicher Verluste im Arbeitskampf nähme, sähe sich das freie Spiel der antagonistisch-wettbewerblichen Kräfte in offenkundiger Form gestört bzw. staatsinterventionistisch aufgehoben. Folgerichtig verpflichtet das Prinzip der arbeitsverfassungsrechtlichen Neutralität den Gesetzgeber zu Regelungen nach Art der §§ 25 KSchG, 116 AFG"[138].

Andererseits impliziert aus dieser verfassungsrechtlichen Sicht — und hier markiert sich offensichtlich ein Unterschied zur Auffassung von Seiter — das Neutralitätsgebot keine Pflicht des Staates zur absoluten Indifferenz bzw. Passivität, und zwar auch nicht im Hinblick auf leistungsverteilende Funktionen. Vielmehr wird der Staat im Sinne einer „positiven" bzw. „fördernden" Neutralitätspflicht nach näherer Maßgabe des Sozialstaatsgrundsatzes zum aktiven Eingreifen, zur aktiven Eigengestaltung für berechtigt bzw. verpflichtet gehalten, wo die Systeme des freiheitlichen Koalitionsverfahrens in evidenter und allgemeiner Weise gestört sind[139]. Als Formen sozialstaatlicher Interventionen werden dabei das Verbot oder inhaltliche Beschränkungen einzelner Kampfmittel in Betracht gezogen, des weiteren aber auch Maßnahmen, die die benachteiligte Partei in ihrem kampfrechtlichen Status begünstigen, sei es, daß diese in ihren — abstrakt — unterlegenen Kampfmitteln rechtlich gestärkt wird „oder daß durch dritte Maßnahmen bestimmte Risiken, die die schwächere Partei treffen, abgebaut und gemildert werden"[140].

---
[137] *Scholz / Konzen* (Fn. 133), S. 180 m. w. Nachw. in Fn. 43.
[138] *Scholz / Konzen* (Fn. 133), S. 182 f.
[139] *Scholz / Konzen* (Fn. 133), S. 183.

D. Das Neutralitätsgebot

Interpretiert man letztgenannte Aussage in umfassendem Sinne, d. h. auch auf „staatliche"[141] Leistungen bezogen, so bleibt doch ganz eindeutig der — an weitere Anforderungen gebundene[142] — Evidenzvorbehalt. Evidente — abstrakte — Koalitionsimparität mag zwar von Gewerkschaftsseite behauptet werden. Gesicherte Erkenntnis sind diesbezügliche Behauptungen jedoch keineswegs[143].

Damit ist man angesichts der „Abstraktionshöhe" der referierten verfassungsrechtlichen Aussagen — das Prinzip der verfassungsrechtlichen Neutralität verpflichte den Gesetzgeber prinzipiell zu Regelungen „nach Art des § 116 AFG"[144] — wiederum zurückgeworfen auf die Problematik der verfassungsgerechten Interpretation bzw. Gestaltung des § 116 AFG selbst. Letzte Klarheit gewährt auch nicht die Feststellung[145], der Staat dürfe durch die Gewährung von Arbeitslosengeld nicht „von den kämpfenden Arbeitnehmern" das Risiko wirtschaftlicher Verluste im Arbeitskampf nehmen. Denn daß den unmittelbar kämpfenden Arbeitnehmern kein Arbeitslosengeld gezahlt werden darf, ist ziemlich unbestrittene Auffassung. Allgemein kann man aber die *verfassungsrechtliche Quintessenz* der vorstehenden Ausführungen so formulieren: Durch „staatliche" Leistungen wie auch durch Verfahrensregeln darf — abgesehen von etwaigen Fällen evidenter Koalitionsimparität — von der (Arbeitgeber- oder) Arbeitnehmerseite nicht das Risiko wirtschaftlicher Verluste genommen werden, weil (bzw. wenn) dadurch das freie Spiel der antagonistisch aufeinanderstoßenden Kräfte gestört bzw. staatsinterventionistisch aufgehoben wird.

---

[140] *Scholz / Konzen* (Fn. 133), S. 185.

[141] Zur mißverständlichen Terminologie vgl. unten bei Fn. 147 f.

[142] Vgl. etwa die Einschränkung durch das Element der „systeminternen" Koalitionsparität: *Scholz / Konzen* (Fn. 133), S. 173 f. Siehe dazu auch unten bei Fn. 167.

[143] Vgl. bereits *Schwerdtfeger* (Fn. 4), S. 62 f.; *Schulin* (Fn. 32), S. 3, überinterpretiert aber die BAG-Entscheidungen AP Nr. 64 u. Nr. 65 zu Art. 9 GG Arbeitskampf im Hinblick auf die Bedeutung von Lohnersatzleistungen nach § 116 AFG für die Frage der Parität.

[144] *Scholz / Konzen* (Fn. 133), S. 183.

[145] *Scholz / Konzen* (Fn. 133), S. 183.

II. Konsequenzen

Der Begründungszusammenhang, das von Scholz / Konzen zu Recht betonte — selbstverständliche — neutralitätsspezifische Gleichbehandlungsgebot[146] sowie einige der in dieser Studie bereits herausgearbeiteten Erkenntnisse erlauben es, erste Konsequenzen zu ziehen.

1. Neutralitätsgebot und Finanzierung der Arbeitslosenversicherung

Zunächst muß man sich vergegenwärtigen, daß sich hinter dem „Staat als Leistungsträger" ganz heterogene Erscheinungen verbergen, unterschiedlich legitimierte, strukturierte und finanzierte Institutionen. Hingewiesen sei allein auf die herkömmliche Dreiteilung von Sozialhilfe, Versorgung und Versicherung. Begreift man die hier in Rede stehenden Leistungen der Bundesanstalt im Kern als *Versicherungs*leistungen[147], so wird deutlich: Diese Leistungen stellen nur äußerlich-formal „staatliche" Leistungen dar. Der Sache nach handelt es sich um beitragsfinanzierte *Versicherungs*leistungen. Das Kardinalproblem der jetzigen Handhabung liegt, wie dargelegt, aus versicherungsrechtlicher Sicht in den „Spielregeln"[148] der Finanzierung: darin, daß diese Versicherungsleistungen zu 50 % durch *Zwangs*beiträge der *Arbeitgeber* finanziert werden.

Zwar wird der Beitragsanteil der Arbeitgeber ganz allgemein auch *verfassungsrechtlich* mit der Fürsorgepflicht der Arbeitgeber gegenüber den Arbeitnehmern legitimiert[149]. Bezogen auf Zeiten des Arbeitskampfes erscheint aber eine staatlich verordnete Fürsorgepflicht, die der Kampfgegenseite zugute kommt, schwerlich mit dem Neutralitätsgedanken vereinbar[149a]. Wie allerdings bereits die hundertprozentige Beitragspflicht der Arbeitgeber zur gesetzlichen Unfall-

---

[146] *Scholz / Konzen* (Fn. 133), S. 174 ff. Wichtig dazu jüngst BAG NJW 1985, S. 2548 (2549) und NJW 1986, S. 210 (212).
[147] Siehe oben C I 1.
[148] Zur Differenzierung Seiters zwischen verfahrensmäßigen Spielregeln und staatlichen Leistungen siehe oben bei Fn. 132. Aus hiesiger Sicht verwischen sich aber beide vermeintlich klar zu scheidenden Bereiche.
[149] Vgl. nur BVerfGE 11, S. 105 (114); 14, S. 312 (317); *Maunz* in Maunz / Dürig / Herzog / Scholz, GG, Stand Oktober 1984, Art. 74 Rdnr. 174.
[149a] Vgl. jetzt auch *Isensee* DB 1986, S. 429 (434).

versicherung und auch zum Konkursausfallgeld zeigt, paßt auch eine mit dem Vorteilsgedanken[150] bzw. mit dem Gedanken der Risikosphäre[151] legitimierte Beitragspflicht verfassungsrechtlich ins „klassische" Bild der Sozialversicherung[152]. Auch diese Gedanken vermögen aber, wie ausgeführt, keine hälftige Finanzierung der hier untersuchten Leistungen zu legitimieren. Früher zum Teil vertretene großzügigere Auffassungen zur Zulässigkeit von Beitragslasten für die Sozialversicherung[153] werden sich heute auch an der jüngeren Rechtsprechung des Bundesverfassungsgerichts hinsichtlich fremdnütziger Abgaben[154], insbesondere zur Verfassungswidrigkeit des Investitionshilfegesetzes[155], messen lassen müssen[156].

Bei klarer versicherungstechnischer Verselbständigung des Arbeitskampfrisikos erscheinen daher von den Arbeitgebern paritätisch mitfinanzierte Leistungen der Bundesanstalt an mittelbar betroffene Arbeitnehmer in der Tat als fragwürdig. Und für die eigenständige Betrachtung des Arbeitskampfrisikos sprechen — nicht zuletzt aufgrund der früheren Überlegungen[157] — ineinander verschlungene Ausformungen des *Neutralitäts-* und des *Gleichbehandlungsprinzips* sowie des Gedankens der *Systemgerechtigkeit*[158]: Wenn z. B. die allei-

---

[150] Siehe bereits oben bei Fn. 66.

[151] Siehe bereits oben bei Fn. 67.

[152] Zur Bedeutung dieses „Bildes" für die Auslegung des Art. 73 Nr. 12 GG vgl. BVerfGE 11, S. 105 (112).

[153] Zum hiesigen Problemkreis siehe oben bei Fn. 69 ff. Allgemeiner ist die Frage vor allem zur „Künstlersozialabgabe" diskutiert worden, vgl. dazu *Osterloh* NJW 1982, S. 1617 ff. mit zahlreichen Nachweisen. Siehe allgemein auch *Gagel / Gagel* (Fn. 65), § 167 Rdnrn. 6 ff.

[154] Vgl. die Übersicht bei *Maunz* in Maunz / Dürig / Herzog / Scholz, GG, Stand Oktober 1984, Art. 74 Rdnr. 174.

[155] BVerfG NJW 1985, S. 37 ff. Zuvor bedeutsam BVerfGE 55, S. 274 ff. In beiden Entscheidungen wird das Erfordernis der „Gruppennützigkeit" aufgestellt.

[156] Vgl. *Maunz* a.a.O. (Fn. 154); siehe auch schon *Osterloh* a.a.O. (Fn. 153), S. 1618 ff. m. w. Nachw. And. Ansicht aber BVerfGE 57, S. 139 (165 ff.); *Gagel / Gagel* (Fn. 65), § 167 Rdnr. 10.

[157] Siehe oben C II 6.

[158] BVerfGE 59, S. 36 (49); 66, S. 214 (223 f.); 67, S. 70 (84 f.); zusammenfassend *Peine*, Systemgerechtigkeit, 1985. Danach kann eine Systemwidrigkeit (nur, aber immerhin) einen Verstoß gegen den Gleichheitssatz *indizieren*.

II. Konsequenzen

nige Finanzierung des Konkursausfallgeldes durch die Arbeitgeber gesetzgeberisch mit spezifisch hierauf bezogenen Gründen legitimiert worden ist[159], dann ist es nur systemgerecht-konsequent und damit unparteiisch-neutral, ein Risiko wie das hier behandelte mit den früher herausgearbeiteten spezifischen Merkmalen dementsprechend verselbständigt zu analysieren und zu institutionalisieren. Versicherungstechnisch geht es dabei um eine konsequente Durchführung des Prinzips der Risikohomogenität und damit zusammenhängend um eine stärkere Ausrichtung am Gedanken der Äquivalenz in dem beschriebenen Sinne. Verfassungsrechtlich ist mit dem Gesagten zugleich der *allgemeine* Grundsatz der Gleichbehandlung von Arbeitgebern und Arbeitnehmern angesprochen. Überdies zeigt sich aber auch der *neutralitätsspezifische* Aspekt des Gleichbehandlungsgebots tangiert: Wenn die Arbeitgeber die sie treffenden allgemeinen Ertragseinbußen allein tragen müssen, dann hat grundsätzlich — von besonderen Legitimationsgründen abgesehen — gleiches für die Risikotragung und -finanzierung auf Arbeitnehmerseite zu gelten.

Ungeachtet der Verfassungsrechtsproblematik, deren Klärung letztlich den Verfassungsrechtlern überlassen bleiben muß, ist im übrigen für *rechtspolitische* Überlegungen zu berücksichtigen, daß den Prinzipien der Staatsneutralität, der Gleichbehandlung und der Systemgerechtigkeit auch *ordnungspolitisch* ein hoher Rang zukommt: Verstöße gegen diese Prinzipien führen zu (immer stärkeren) Erosionen der Überzeugungskraft unserer Rechtsordnung.

2. Neutralitätsgebot und Gleichbehandlung von Arbeitgeber- und Arbeitnehmerseite bei Umverteilung der Arbeitskampfrisiken

Das neutralitätsspezifische Gleichbehandlungsgebot wendet den Blick auf einen Zusammenhang, der bisher vernachlässigt wurde.

Wie oben herausgearbeitet[160], votiert die herrschende Meinung im Schrifttum hinsichtlich des Konflikts der Arbeitgeber/Unternehmer in deren ambivalenter Stellung als Sozial- und Vertragspartner für

---

[159] Vgl. Begründung der Bundesregierung, BT-Ds. 7/1750, S. 10 f.; BSG und BVerfG SozR 4100 § 186 b AFG Nr. 1 u. Nr. 2 sowie BSG BB 1980, S. 471 f.
[160] Vgl. oben bei Fn. 93 ff.

einen gewissen Vorrang der Sozialpartnerfunktion: Isoliert betrachtet, trifft den arbeitskampfbetroffenen Unternehmer einerseits gegenüber seinen *Vertrags*partnern die Pflicht auf Vertragserfüllung; andererseits soll er als *Sozial*partner die Funktion des an der Regelung der Lohn- und Arbeitsbedingungen Beteiligten wahrnehmen, die ihm der Staat übertragen hat. Letzteres kann er nur, wenn er ein Nachgeben im Arbeitskampf von seinem Verständnis der richtigen Bildung der Lohn- und Arbeitsbedingungen abhängig macht. Die Erfüllung des einzelnen Vertrages einerseits und die rollenspezifische Funktion bei der Regelung der Lohn- und Arbeitsbedingungen andererseits sind „inkommensurable Pflichten", die einer Konfliktsentscheidung bedürfen. „Diese Entscheidung aber kann nur so lauten, daß derjenige, der die Funktion bei der Regelung der Lohn- und Arbeitsbedingungen wahrnimmt, den einzelnen Vertrag im Konfliktsfall für die Dauer des Konflikts nicht zu erfüllen braucht."[161]

Mit dieser Entscheidung und den Folgewirkungen im Recht der Leistungsstörungen[162] sind freilich die Weichen für eine — partielle[163] — Umverteilung der arbeitskampfbedingten Risiken im Rahmen des Arbeitgeber-/Unternehmerlagers gestellt. Diesbezügliche AGB-Klauseln, die die skizzierte Rechtslage absichern[164], werden, durchaus überzeugend, als mit dem AGB-Gesetz vereinbar angesehen[165]. Mit allem schafft man zugleich, dies muß man sehen, auf der Arbeitgeberseite rechtliche Rahmenbedingungen, die für die arbeitskampfbetroffenen Arbeitgeber das Risiko wirtschaftlicher Verluste abmildern, wodurch unzweifelhaft das freie Spiel der antagonistisch aufeinandertreffenden Kräfte der Koalitionen beeinflußt wird.

---

[161] So überzeugend *Löwisch* AcP 174, S. 234 und im Anschluß daran z. B. *Schlüter* in Brox / Rüthers (Fn. 68), Rdnrn. 379 ff.; im *Ergebnis* ebenso *Richardi* JuS 1984, S. 825 (828 ff.), jeweils bezogen auf Streik und (Abwehr-) Aussperrung.

[162] Näher dazu die in Fn. 161 Genannten.

[163] Vgl. oben bei Fn. 95 und unten bei Fn. 173 ff.

[164] Vgl. nur *Brandner* in Ulmer / Brandner / Hensen, AGB-Gesetz, 4. Aufl. 1982, Anh. §§ 9 - 11 Rdnrn. 100 ff.; *Wolf* in Wolf / Horn / Lindacher, AGB-Gesetz, 1984, § 9 Rdnrn. A 71 ff., jeweils unter Hinweis auf die nach h. M. bereits ohne AGB bestehende Rechtslage, die in der Praxis durch AGB weithin abgesichert werde.

[165] Vgl. *Brandner* a.a.O. Rdnrn. 103 ff.; *Wolf* a.a.O. Rdnrn. A 74 ff.

II. Konsequenzen

Erkennt man dies, so stellen sich — arbeitnehmerfinanzierte — Leistungen der Bundesanstalt nicht mehr einseitig als „Privilegien" dar, sondern als Ausprägungen des neutralitätsspezifischen Gleichbehandlungsgrundsatzes[166]. Hier wie dort kann man dann von — „systeminternen"[167] — rechtlichen Rahmenbedingungen des Arbeitskampfes sprechen. Und diese Rahmenbedingungen für beide Seiten unterstehen dem Gedanken der Gleichbehandlung, besser: dem Gedanken der rechtlichen Symmetrie[168].

3. Neutralitätsgebot und öffentliche Interessen

Nach der früher herausgearbeiteten verfassungsrechtlichen Bedeutung der Staatsneutralität[169], die im Zusammenhang mit der funktionsambivalenten Stellung der *Arbeitgeber* bisher offenbar nicht thematisiert wurde, steht man allerdings vor der Frage, ob die skizzierte Risikoverteilung überhaupt zulässig ist. Die Frage stellen, heißt, sie bejahen zu müssen, und zwar aus übergeordneten öffentlichen bzw. Gemeinwohlinteressen[170]. Dies freilich nur so weit, wie diese Interessen reichen. Konkret: Die arbeitskampfbetroffenen Arbeitgeber/Unternehmer sollen ihre Sozialpartnerfunktion nicht zuletzt im öffentlichen Interesse wahrnehmen können und dabei nicht bereits von *Rechts wegen* zum Nachgeben gezwungen werden[171]. Aus diesem Grunde werden — vorübergehend — gewisse Vertrags*erfüllungspflichten* usw. derogiert. In ihrer Rechtsstellung als *Gläubiger* erfahren sie nach hiesiger Auffassung[172] aus übergeordneten gesamtwirtschaftlichen Gründen, also ebenfalls im Gemeinwohlinteresse, eine Entlastung. Alles dies führt nicht und darf nicht führen zu einer

---

[166] Vgl. oben bei Fn. 146.

[167] Hierzu — in Abgrenzung zu Postulaten nach einer „Gesamtparität" — *Scholz / Konzen* (Fn. 133), S. 173 f. sowie BAG Nr. 64 u. Nr. 65 zu Art. 9 GG Arbeitskampf, jeweils unter B IV 3 der Entscheidungsgründe.

[168] Zur „Waffensymmetrie" im Recht der Leistungsstörungen vgl. *Baumann / Hauth* JuS 1983, S. 273 (279 f.). Betrachtet werden hier nur die genannten *rechtlichen Rahmenbedingungen*. Eine andere Qualität haben Streikhilfeabkommen auf Arbeitgeberseite einerseits und Streikgeldbestimmungen der Gewerkschaften andererseits.

[169] Vgl. oben bei Fn. 133 ff. (145).

[170] Vgl. dazu die Hinweise bei *Löwisch* AcP 174, S. 234 Fn. 107.

[171] Vgl. nur *Löwisch* AcP 174, S. 234 f.

[172] Siehe oben C II 3 b).

Entbindung von „arbeitskampfadäquaten" Verlustrisiken. So haben die Arbeitgeber/Unternehmer, wie oben dargelegt[173], beispielsweise *Geld*schulden prinzipiell zu erfüllen, ebenfalls echte Gattungsschulden[174]. Auch gelten die Regeln des Gläubigerverzugs durchaus *im Grundsatz*[175].

Insgesamt zeigt sich: Die allgemeinen Regeln des Schuldrechts werden aus übergeordneten Gründen des öffentlichen Interesses partiell zugunsten der arbeitskampfbetroffenen Arbeitgeber/Unternehmer modifiziert, wodurch eine gewisse Umverteilung der Arbeitskampfrisiken stattfindet. Dieses Ergebnis der herrschenden Meinung ist, wie bereits das facettenreiche Spektrum der Gegenauffassungen zeigt[176], nicht etwa „logisch" vorgegeben, sondern eine Frage der *Wertung*. Die Arbeitgeber/Unternehmer sollen aus übergeordneten Interessen nicht von ihren *Vertrags*pflichten her unter „arbeitskampfinadäquaten" Druck gesetzt werden, als *Sozial*partner im Arbeitskampf nachzugeben. Methodisch handelt es sich nach hier vertretener Auffassung um nichts anderes als die Herstellung einer Konkordanz zwischen allgemeinem Schuldrecht und Arbeitskampfrecht[177].

Sicher ist die Konfliktsituation auf Arbeitnehmerseite nicht mit der geschilderten auf Arbeitgeberseite identisch. In einem *allgemeineren* Sinne besteht aber für die Arbeitnehmer der Konflikt, den Arbeitskampf unter Inkaufnahme finanzieller Einbußen (mittelbar) zu unterstützen oder zum Nachgeben zu drängen[178]. Hat auf Arbeitgeberseite das allgemeine Schuldrecht, insbesondere das System der Leistungsstörungen, je nach Handhabung eine stabilisierende oder destabilisierende Wirkung, so ist das auf Arbeitnehmerseite letztlich das System der Sozialleistungen.

Es mag dahinstehen, ob angesichts der nicht zu verleugnenden Detail-Unterschiede in den Konfliktslagen beider Seiten unter dem

---

[173] Siehe oben bei Fn. 95.
[174] *Löwisch* AcP 174, S. 237.
[175] Siehe oben C II 3 d).
[176] Vgl. den Überblick bei *Löwisch* AcP 174, S. 228 ff.
[177] Siehe oben bei Fn. 99 ff.
[178] Deutlich zuletzt die Begründung zum Gesetzentwurf der Bundesregierung (Fn. 2), S. 13.

II. Konsequenzen

Aspekt der neutralitätsspezifischen Gleichbehandlung eine staatliche *Pflicht* zur symmetrischen Ausgestaltung beider Systeme besteht. Angesichts der Vergleichbarkeit der beiderseitigen Konfliktslagen sollte dem Gesetzgeber aber, folgt man den bisherigen Überlegungen, jedenfalls nicht ein diesbezügliches *Recht*[179] abgesprochen werden.

Die Suche nach Symmetrie kann dann nicht bedeuten, einfach auf das allgemeine Sozialleistungssystem mit der *Sozialhilfe* als Auffangnetz, das nur bei *Bedürftigkeit* der betroffenen Arbeitnehmer gespannt wäre[180], zurückzugreifen. Denn wenn das allgemeine System der Leistungsstörungen auf die Belange der betroffenen Arbeitgeber ausgerichtet wird, kann Symmetrie nur heißen, auch das allgemeine Sozialleistungssystem zugunsten der betroffenen Arbeitnehmer zu modifizieren. Wer die Arbeitnehmerseite unter Hinweis auf Art. 1 und 20 GG auf die Sozialhilfe verweist[181], vernachlässigt den auf Art. 9 III GG zurückzuführenden neutralitätsspezifischen Gleichbehandlungsgedanken mit den dargestellten Funktionszusammenhänge.

Aus dieser Perspektive sind — arbeitnehmerfinanzierte — Leistungen der Bundesanstalt zulässig; dies allerdings prinzipiell nur, soweit „arbeitskampfadäquate Verlustrisiken" verbleiben, anders gewendet: soweit Leistungen der Bundesanstalt ihre Rechtfertigung in übergeordneten öffentlichen Interessen finden.

Damit ist wiederum die Sozialhilfe angesprochen. Eine gesetzliche Regelung, die keine AFG-Leistungen an mittelbar arbeitskampfbetroffene Arbeitnehmer vorsieht, führt großenteils dazu, die — vor allem: nichtorganisierten — Arbeitnehmer der staatlichen Sozialhilfe auszuliefern[182]. Zumindest ist die Gefahr einer gezielten Agitation

---

[179] Zum bloßen „Willkürverbot" i. S. v. Art. 3 I GG bei Regelungen in unterschiedlichen rechtlichen Ordnungssystemen bedeutsam BVerfGE 34, S. 118 (128 ff.). Das neutralitätsspezifische Gleichbehandlungsprinzip setzt allerdings einen engeren Rahmen, vgl. nur *Leibholz / Rinck / Hesselberger*, GG, 6. Aufl., Art. 3 Rdnrn. 6 ff.

[180] Vgl. §§ 2, 76 ff. BSHG.

[181] Vgl. *Seiter* (Fn. 6), S. 47 ff.; *Schulin* (Fn. 32), S. 5 f.; *G. Müller* (Fn. 27), S. 200 ff., allerdings jeweils unter Zugrundelegung der paritätischen Finanzierung durch Arbeitgeber und Arbeitnehmer. Vgl. dazu immerhin auch unten F II 3.

[182] Vgl. nur die Einschätzung des IG-Metall-Vorsitzenden, *Mayr*, „Der Spiegel" vom 16. 12. 1985, S. 22 ff.

mit dieser Stoßrichtung nicht auszuschließen. Dadurch könnte die öffentliche Hand, wie sich schon früher abzeichnete[183], in eine Zerreißprobe geraten, zumal für die Sozialhilfe die Kommunen zuständig sind. Es könnte zudem nicht im öffentlichen Interesse liegen, Arbeitskämpfe weithin durch den Steuerzahler zu finanzieren. Ungeachtet der Frage, ob den mittelbar arbeitskampfbetroffenen Arbeitnehmern der Gang zum Sozialamt nach Art. 1 und 20 GG *zuzumuten* wäre, liegt deshalb eine Lösung, die die Arbeitnehmer nicht auf die Sozialhilfe verweist, durchaus im öffentlichen Interesse. Zudem sprechen öffentliche Interessen in Verbindung mit dem neutralitätsspezifischen Gleichbehandlungsgedanken dafür, (die mittelbar betroffenen) Arbeitnehmer nicht einem „arbeitskampfinadäquaten", *übermäßigen*[184] Druck auszusetzen.

Nach allem zeichnen sich einige Bausteine für das Modell einer Grundlagen-Reform des § 116 AFG ab. Bevor dieses Modell zusammenfassend umrissen wird, ist noch auf die Reformpläne der Bundesregierung einzugehen.

---

[183] Vgl. Stellungnahme des Bundesrats zur Schaffung des § 116 AFG (im damaligen Gesetzentwurf zunächst § 105), BT-Ds. V/2291, S. 111: „Die im Entwurf vorgesehene, aus dem AVAVG übernommene Regelung kann ... dazu führen, daß die Träger der Sozialhilfe mit den ihre Finanzkraft weit übersteigenden mittelbaren Folgen eines Arbeitskampfes belastet werden ...". Zur Bedeutung dieses Aspekts bei Schaffung der Neutralitäts-Anordnung vgl. *Seiter* (Fn. 6), S. 32.

[184] Ob die Schaffung einschlägiger gesetzlicher Rahmenbedingungen auch unter dem Aspekt des sogenannten „Ruinverbots" angezeigt sein könnte, muß hier offenbleiben.

E. Der Regierungsentwurf zur Neufassung des § 116 AFG

I. Kernstück des Entwurfs

Kernstück des Regierungsentwurfs zur Neuregelung des § 116 AFG ist die „Stellvertreter-Klausel": Wer zur gleichen Branche gehört, für die in einem anderen räumlichen Tarifgebiet — „stellvertretend" — gekämpft wird, erhält keine Leistungen, wenn in seinem räumlichen Tarifbereich „eine Forderung erhoben worden ist, die einer Hauptforderung des Arbeitskampfes nach Art und Umfang annähernd gleich ist."[185] Damit soll nach der Regierungsbegründung die aus § 116 III AFG und § 4 Neutralitäts-Anordnung folgende Rechtsunsicherheit beseitigt[186] und — gleichsam in „authentischer Interpretation" von § 116 III AFG — in Anlehnung an frühere Äußerungen des Bundestagsausschusses für Arbeit eine „Klarstellung des gesetzgeberischen Willens"[187] zu dieser Vorschrift erreicht werden.

Die Tarifauseinandersetzung von 1984 um die 35-Stunden-Woche wäre auf dieser Basis sozialrechtlich anders zu entscheiden, als die Landessozialgerichte Hessen und Bremen in den früher erwähnten Verfahren[188] auf der Grundlage der BSG-Rechtsprechung[189] erkannt haben. „Gesetzgeberischer Wille", der freilich unklar war[190], und praktische Handhabung des Gesetzes sind wie so oft auseinandergegangen. Die praktische Handhabung der Vorschriften durch die Sozialgerichtsbarkeit warf und wirft außerdem verfassungsrechtliche Fragen auf. Die Schaffung einer neuen gesetzlichen Regelung ist da-

---

[185] Vgl. § 116 III 1 Nr. 2 des Regierungsentwurfs (Fn. 2). Zur Bedeutung des „Stellvertretungs-" bzw. „Partizipations-"Gedankens siehe Begründung der Bundesregierung a.a.O. S. 12 ff.
[186] Vgl. Begründung des Regierungsentwurfs a.a.O. S. 11 f.
[187] Vgl. Begründung des Regierungsentwurfs a.a.O. S. 5, 6, 13.
[188] Vgl. oben Fn. 19 u. 20. Siehe auch Fn. 21 a.
[189] Siehe oben Fn. 26.
[190] Vgl. Seiter (Fn. 6), S. 27 f.

her durchaus begrüßenswert — wenn sie die Probleme konzeptionell bewältigt und dauerhaft löst. Dies kann man aber dem Entwurf nicht bescheinigen.

Das Verfahren bis zur Schaffung des Regierungsentwurfs ist bekannt. In der Sache kann der Regierungsentwurf — bei allem Verständnis für die sich bei der Verwirklichung des Vorhabens stellenden rechtlichen und politischen Schwierigkeiten — nicht befriedigen. Der Versuch, rückwärtsgerichtet eine spezifische Arbeitskampfsituation zu bewältigen, wirft — ungeachtet des parteipolitischen Schlachtgetümmels — mit Sicherheit eine Fülle neuer rechtlicher und ordnungspolitischer Schwierigkeiten auf, von denen hier nur einige kurz skizziert seien.

II. Ordnungspolitische und rechtliche Bedenken

1. Insbesondere Benda hat bereits die Frage gestellt, ob eine Neuregelung im Sinne des Gesetzentwurfs nicht einen verfassungsrechtlich unzulässigen Eingriff in sozialversicherungsrechtliche Positionen darstelle, die den Schutz der Eigentumsgarantie nach Art. 14 GG genießen[191].

Nach der Rechtsprechung des Bundesverfassungsgerichts, die jüngst im Urteil zur Krankenversicherung der Rentner konkretisiert wurde[192], ist Voraussetzung für einen Eigentumsschutz sozialversicherungsrechtlicher Positionen eine „vermögenswerte Rechtsposition, die nach Art eines Ausschließlichkeitsrechts dem Rechtsträger als privatnützig zugeordnet ist"; diese genießt den Schutz der Eigentumsgarantie, falls sie auf nicht unerheblichen Eigenleistungen des Versicherten bzw. auf Arbeitgeberbeiträgen beruht und der Sicherung seiner Existenz dient[193]. Das Vorliegen dieser Voraussetzungen läßt sich,

---

[191] Vgl. „Tagesspiegel" vom 11. 12. 1985. Inzwischen ist Benda vom Land Nordrhein-Westfalen mit der Erstattung eines Gutachtens beauftragt worden, ob die geplante Neufassung des § 116 AFG verfassungsgemäß ist, vgl. „Tagesspiegel" vom 8. 1. 1986. Zur Stellungnahme von Benda als Sachverständiger vor dem Bundestagsausschuß für Arbeit und Sozialordnung vgl. „Tagesspiegel" vom 22. 2. 1986 und „FAZ" vom 24. 2. 1986. Das Ende März 1986 vorgelegte Gutachten (vgl. „Tagesspiegel" v. 25. 3. 1986) konnte hier nicht mehr ausgewertet werden.

[192] BVerfG NJW 1986, S. 39 ff.

[193] BVerfG a.a.O. mit umfangreichen Nachw.

II. Ordnungspolitische und rechtliche Bedenken 53

mißt man die geplante Neuregelung an den bisherigen Bestimmungen in der Anwendung bzw. Auslegung, die sie durch die sozialgerichtliche Rechtsprechung erfahren haben, nicht ohne weiteres ausschließen. Offen ist aber beispielsweise, ob die genannte Rechtsprechung als hinreichend *verfassungsrechtlich* abgesichert angesehen werden kann[194]. Nicht unproblematisch erscheint des weiteren, ob bzw. inwieweit hinsichtlich des Schutzes sozialversicherungsrechtlicher Positionen aus Art. 14 I 1 GG zwischen — versicherungstechnisch gesprochen — Risikoversicherungen und Versicherungen mit „Sparelementen"[195] zu differenzieren ist. Immerhin hat das Bundesverfassungsgericht die Frage des Eigentumsschutzes bisher im wesentlichen nur hinsichtlich bestimmter Regelleistungen der *Rentenversicherung*[196], jüngst auch hinsichtlich der *Krankenversicherung*[197] entschieden. Im Hinblick auf Ansprüche aus der *Arbeitslosenversicherung* ist diese Frage des Eigentumsschutzes einmal ausdrücklich offengelassen worden[198]. Und im verfassungsrechtlichen Schrifttum[199] wird insoweit ein Eigentumsschutz „im Sinne einer Fortbestandsgarantie oder einer Garantie für die gegenwärtigen Versicherungsbedingungen" verneint.

Die erwähnten Zweifel zum allgemeinen Anwendungsbereich des Art. 14 I 1 GG sind allerdings jetzt durch die Entscheidung des Bundesverfassungsgerichts vom 12. 1. 1986[199a] für die Praxis beseitigt. Darin hat das Bundesverfassungsgericht nunmehr den Anspruch auf Arbeitslosengeld und auch ein diesbezügliches Anwartschaftsrecht

---

[194] Vgl. nur *H. Bogs* Sgb 1976, S. 349 (353); *Seiter* (Fn. 6), S. 350.
[195] Bei allen technisch-organisatorischen Unterschieden bestehen hier Parallelen vor allem zwischen der privaten Lebensversicherung, die nicht als reine Risikoversicherung ausgestaltet ist, und der sozialen Rentenversicherung. Vgl. jetzt auch *Isensee* DB 1986, S. 429 (434).
[196] Vgl. die Nachw. in BVerfG NJW 1986, S. 39 unter I 1 der Entscheidungsgründe.
[197] BVerfG NJW 1986, S. 41 unter I 3 b der Entscheidungsgründe.
[198] Vgl. BVerfGE 42, S. 176 (190 f.) sowie dazu BVerfG NJW 1986, S. 39 unter I 1 der Entscheidungsgründe; in letztgenannter Entscheidung unter II der Entscheidungsgründe auch zu Fragen der „unechten Rückwirkung".
[199] Vgl. *Papier* in Maunz / Dürig / Herzog / Scholz, GG, Stand September 1983, Art. 14 Rdnr. 149. In der Sache gegen die Auffassung von Benda jetzt auch *Papier* ZRP 1986, S. 72 ff.; *Isensee* DB 1986, S. 429 (433 ff.).
[199a] BVerfG 1 BvL 39/83 v. 12. 2. 1986.

als durch die Eigentumsgarantie geschützt angesehen. Damit sind freilich nicht die angedeuteten Unklarheiten hinsichtlich der bisherigen Rechtsstellung der Versicherten behoben. Auch Ausführungen des Gerichts zu Art. 14 I 2 GG lassen Zweifel über die verfassungsrechtliche Beurteilung des hiesigen Rechtsproblems aufrechtbestehen, da das Gericht bei der Prüfung, ob ein Eingriff in die Eigentumsposition des Versicherten dem Verhältnismäßigkeitsgrundsatz genügt, u. a. auch auf ein Vertrauen der Versicherten auf „eine sehr lange Tradition" abstellt, woran es hier angesichts der geschilderten Rechtsunklarheit gefehlt haben dürfte. Andererseits müssen Eigentumsbindungen i. S. v. Art. 14 I 2 GG überhaupt zur Erreichung des angestrebten Ziels *geeignet* sein. Legt man einmal das Bestehen einer geschützten Eigentumsposition zugrunde, so ist in diesem Punkt, wie die nachfolgenden Überlegungen ergeben, in der Tat Skepsis angebracht.

2. Schon diese kurzen Hinweise zeigen, daß die geplante Neuregelung komplizierte verfassungsrechtliche Probleme, bezogen auf die Rechtsstellung des einzelnen Versicherten, aufwirft. Aus hiesiger Sicht ergeben sich bei der Neuregelung zudem wiederum verfassungsrechtliche bzw. ordnungspolitische Bedenken im Hinblick auf die Beitragspflicht der Arbeitgeber, ferner aber auch im Hinblick auf eine — in Weiterentwicklung des § 4 Neutralitäts-Anordnung vorgesehene — staatliche Beeinflussung der Arbeitskampfziele. Denn die geplante Neuregelung wird die gewerkschaftliche Streiktaktik noch stärker als bisher dahingehend beeinflussen, in den verschiedenen räumlichen Tarifgebieten *unterschiedliche* Tarifforderungen zu stellen mit dem Versuch, sie gegebenenfalls kampfweise durchzusetzen.

Abgesehen davon, daß der Entwurf angesichts der damit beschworenen „Manipulationsgefahren" arbeitskampf- und sozialrechtlich nicht befriedigen kann, ist er gesamtwirtschaftlich bedenklich; denn volkswirtschaftlich *kann* eine derartige Differenzierung der Tarifforderungen sinnvoll sein, *muß* es aber nicht. Die Entscheidung hierüber hängt von den — wechselnden — wirtschaftlichen Rahmenbedingungen ab. Ordnungspolitisch erscheint es verhängnisvoll, diese Entscheidung massiv durch das Sozialleistungssystem zu beeinflussen. Verfassungsrechtlich muß man gerade in diesem Punkt die Frage aufwerfen[200], ob der durch Art. 9 III GG gewährleistete Prozeß der

II. Ordnungspolitische und rechtliche Bedenken

staatsunabhängigen, freiheitlichen Interessenauseinandersetzung zwischen den Koalitionen[201] angesichts solcher staatlichen „Kanalisierung" ausreichend gewahrt bleibt.

Wenn das arbeitsverfassungsrechtliche Neutralitätsprinzip bedeutet, daß der Staat (prinzipiell) nicht berechtigt ist, „Entscheidungen auf der Grundlage eigener wirtschafts- oder sozialpolitischer Zweckmäßigkeitserwägungen an die Stelle der koalitionsrechtlichen Autonomie zu setzen"[202], sondern die Koalitionen „selbst und eigenverantwortlich, grundsätzlich frei von staatlicher Einflußnahme" bestimmen sollen, da „die unmittelbar Betroffenen besser wissen und besser aushandeln können, was ihren beiderseitigen Interessen und dem gemeinsamen Interesse entspricht"[203], dann ist hier dieser *freiheitssichernde* Aspekt des Neutralitätsprinzips berührt. Bei der Schaffung des Gesetzentwurfs hat demgegenüber in Weiterführung der dem § 4 Neutralitäts-Anordnung zugrunde liegenden Konzeption das *gleichheitssichernde* Element des Neutralitätsprinzips, das Bemühen um staatliche *Unparteilichkeit*[204] im Vordergrund gestanden: für einen Teil der Arbeitskampffälle bzw. der betroffenen Arbeitnehmer sollen AFG-Leistungen erbracht werden, für einen anderen Teil nicht.

Mit der geplanten Regelung wird der Kerngehalt[205] der aus Art. 9 III GG abzuleitenden Koalitionszweckgarantie[206] berührt, allerdings nur unmittelbar — eben im Wege staatlicher „Kanalisierung" vom Sozialleistungssystem her. In Anlehnung an die Rechtsprechung des Bundesarbeitsgerichts zur negativen Koalitionsfreiheit[207] könnte man

---

[200] In diesem Sinne bereits zu § 4 der Neutralitäts-Anordnung *Seiter* (Fn. 6), S. 45. Vgl. auch *Säcker* (Fn. 3), der mit gesetzes- bzw. verfassungskonformer Auslegung hilft.

[201] Vgl. nur *Scholz* in Maunz / Dürig / Herzog / Scholz, GG, Stand August 1979, Art. 9 Rdnr. 161.

[202] So *Scholz / Konzen* (Fn. 133), S. 183.

[203] Vgl. BVerfGE 50, S. 290 (367); 44, S. 322 (340 f.); 58, S. 233 (246); 34, S. 207 (316 f.).

[204] Vgl. Begründung zum Regierungsentwurf (Fn. 2), S. 4.

[205] Vgl. *Scholz* in Maunz / Dürig / Herzog / Scholz, GG, Art. 9 Rdnrn. 260 ff.

[206] *Scholz* a.a.O. Rdnrn. 255 ff.

[207] BAG (GS) BB 1968, S. 939 ff. = AP Nr. 13 zu Art. 9 GG Bl. 24 ff.; vgl. auch BVerfG NJW 1971, S. 1212.

daran denken, die Zulässigkeit dieser Regelung danach zu beurteilen, ob damit ein „sozialadäquater" oder „sozialinadäquater" Druck ausgeübt wird. Angesichts der unterschiedlichen Sachverhalte ist ein derartiger Ansatz aber doch fragwürdig. Außerdem ist die Terminologie des Bundesarbeitsgerichts zu schillernd, als daß damit einigermaßen klare Maßstäbe gewonnen wären. Überzeugender erscheint dann doch eine Orientierung an dem allgemeinen Verhältnismäßigkeitsgrundsatz mit seinen Unterelementen Geeignetheit, Erforderlichkeit und Proportionalität[208].

Schon die Frage, ob die geplante Neuregelung wirklich *geeignet* ist, im Sinne staatlicher Unparteilichkeit eine Gleichbehandlung von Arbeitgeber- und Arbeitnehmerseite herbeizuführen, läßt sich indessen nicht klar beantworten. Anzuerkennen ist das Bemühen, eine Ausgewogenheit zwischen den Fallgestaltungen einer Leistungspflicht und einer Leistungsfreiheit der Bundesanstalt herbeizuführen. Dieser allein auf die Aufgaben der Bundesanstalt bezogene „binnenspezifische" Blickwinkel ist jedoch nach hiesiger Auffassung zu verengt. Denn das neutralitätsspezifische Gleichbehandlungsgebot fordert eine Berücksichtigung der rechtlichen Risikoverteilungsmöglichkeiten *beider* Seiten. Die diesbezügliche Rechtslage auf Arbeitgeberseite scheint jedoch bisher überhaupt nicht gesehen worden zu sein. — Daneben stellen sich weitere Problemverästelungen unter dem Gleichheitsgedanken.

Ob des weiteren die geplante Reformregelung, und zwar gerade die „Stellvertreter-Klausel" mit ihrem sicher erheblichen Einfluß auf die Ausgestaltung der gewerkschaftlichen Tarifforderungen, unter dem neutralitätsspezifischen Gleichbehandlungspostulat *erforderlich* und *angemessen* ist, um eine mittelbare Einschränkung der Arbeitskampffreiheit zu rechtfertigen, hängt nicht zuletzt davon ab, ob eine überzeugendere Alternative besteht. Um alles dies besser einschätzen zu können, muß noch auf weitere Probleme des Regierungsentwurfs eingegangen werden.

---

[208] Vgl. *Scholz* a.a.O. Rdnrn. 267, 271, 352; weiter allerdings möglicherweise das BVerfG, vgl. nur BVerfGE 50, 290 (368 ff.); 58, 233 (246 ff.) und dazu kritisch *Seiter* AöR 109 (1984), S. 88 (99). Bei allem ist mitzuberücksichtigen und hier vorausgesetzt, daß der jeweilige Arbeitskampf selbst dem ultima-ratio-Prinzip genügt, vgl. dazu *Rüthers* in Brox / Rüthers (Fn. 68), Rdnrn. 197 ff. sowie jüngst *Konzen* JZ 1986, S. 157 ff.

3. Der „Stellvertreter-Konzeption" liegt — freilich unausgesprochen[209] — nicht zuletzt der früher erörterte Gedanke der versicherungsrechtlichen Repräsentantenhaftung[210] zugrunde. Die Anwendung dieses Gedankens ist zwar mit den früher erwähnten rechtlichen Schwierigkeiten befrachtet, die aus dem IAO-Abkommen Nr. 102 folgen[211]; sie hält sich jedoch im Rahmen dieses Abkommens[211a]. Innerstaatlich erscheint die Stellvertreter-Konzeption aber als zu einseitig. Zu bedenken ist nämlich folgendes:

Die Gewährung oder Nichtgewährung von Arbeitslosengeld kann den Arbeitskampf in *zweifacher* Hinsicht beeinflussen: Einmal — und nur darauf stellt die Regierungsbegründung ab[212] — *mildert* die Zahlung des Arbeitslosengeldes den Druck der mittelbar betroffenen Arbeitnehmer auf die kämpfende Gewerkschaft, ihnen entweder Arbeitskampfunterstützung zu zahlen oder in den Kampfforderungen nachzugeben. Ein derartiger Druck folgt, richtig besehen, aus dem gewerkschaftlichen Solidaritätsprinzip[213] und ist vornehmlich innerhalb derselben Gewerkschaft, also innerhalb der gleichen Branche zu vermuten, selbst wenn die *aktuellen* Satzungsbestimmungen diesbezügliche Leistungen nicht vorsehen. Zum anderen *verstärkt* aber eine derartige Zahlung den Druck der mittelbar betroffenen Arbeitgeber auf den kämpfenden Arbeitgeberverband, in den Kampfforderungen nachzugeben[214]. Die „Stellvertreter-Klausel" sucht mit ihrer Differenzierung allein ein Begründungstopos im Hinblick auf den Einfluß auf *Arbeitnehmer*seite. Auf *Arbeitgeber*seite ist jedoch der mittels Betriebsstillegungen und Ertragseinbußen sich

---

[209] Immerhin weist die Begründung zum Regierungsentwurf (Fn. 2), S. 13 in diesem Zusammenhang auf die Qualifizierung der einschlägigen Leistungen nach dem AFG als Versicherungsansprüche hin.

[210] Siehe oben C I 2 b.

[211] Siehe oben bei Fn. 60 ff.

[211a] Zur Bedeutung dieses Abkommens nach h. M. und nach vermittelnder Auffassung der IAO-Expertenkommission vgl. unten F IV 1.

[212] Siehe Begründung zum Regierungsentwurf (Fn. 2), S. 13.

[213] Ähnlich *Kreuzer* (Fn. 3), S. 87 ff., 95 ff.; vgl. auch die Einlassung der IG Metall vor dem SG Frankfurt, zitiert bei Th. Raiser NZA 1984, S. 369 (370).

[214] Vgl. schon *Seiter* (Fn. 6), S. 63 ff. unter Hinweis auf die Parallelität zur Arbeitskampfrisiko-Entscheidungspraxis und -begründung des BAG, vgl. oben Fn. 13.

ergebende Druck unabhängig davon, ob es bei dem Arbeitskampf um „annähernd gleiche oder ungleiche (Haupt-)Forderungen" der Gewerkschaft geht.

Stellen die Gewerkschaften ihre Kampfstrategie darauf ein, unterschiedliche Forderungen zu erheben, so muß die Bundesanstalt an die mittelbar betroffenen Arbeitnehmer leisten. Die Räder in den mittelbar betroffenen Betrieben stehen um so länger still. Diese „einäugige" Sicht kann man nur damit erklären, daß eine alte Konzeption mangels besserer Erkenntnis fortgeschrieben werden soll. Das bedenklich *Neue* liegt dabei zusätzlich darin, daß diese Konzeption künftig — bisher enthielt § 116 AFG mit seinem Abs. 3 Nr. 2 immer noch den, in seiner Bedeutung freilich umstrittenen[215], allgemeinen „Einflußtatbestand" — *verabsolutiert* werden soll.

Auf der anderen Seite wird einseitig die Arbeitnehmerseite getroffen, falls es um (annähernd) gleiche Hauptforderungen geht: Die Bundesanstalt braucht dann den mittelbar betroffenen Arbeitnehmern der gleichen Branche nichts zu zahlen, die Arbeitgeber haben aber die gleichen Risikoverteilungsmöglichkeiten wie beim Kampf um unterschiedliche Hauptforderungen. Könnte man noch daran denken, Vor- und Nachteile beider Situationen als gegeneinander aufgehoben anzusehen, so bleibt doch ein gravierendes Bedenken: Die Arbeitgeberseite wird nach der klaren Fassung des Regierungsentwurfs, der Verabsolutierung der „Stellvertreter-Klausel", hinsichtlich des auf ihr lastenden Drucks völlig der Streiktaktik der Gewerkschaften ausgeliefert sein. Ist eine derartige Regelung geeignet, dem neutralitätsspezifischen Gleichbehandlungsgebot, dem Prinzip der Waffengleichheit zum Durchbruch zu verhelfen? Sicher wäre unter diesem Gesichtspunkt die Verankerung einer allgemeinen „Einflußklausel" nach Art des jetzigen § 116 III 1 Nr. 2 AFG ratsam[216]. Dies ließe sich jedoch wiederum nicht mit dem klaren Ziel der Novelle nach *Rechtssicherheit*[217] vereinbaren.

---

[215] Eine weitverbreitete Meinung betrachtet § 4 Neutralitäts-Anordnung als abschließende Regelung, neben der auf das Gesetz nicht mehr zurückgegriffen werden dürfe, vgl. Nachweise und Auseinandersetzung bei *Seiter* (Fn. 6), S. 69 f. Siehe aber auch schon oben bei Fn. 23.

[216] So *Isensee* DB 1986, S. 429 (431 f.) in kritischer Würdigung des Regierungsentwurfs.

[217] Vgl. Begründung zum Regierungsentwurf (Fn. 2), S. 6.

II. Ordnungspolitische und rechtliche Bedenken 59

4. Wenig verständlich ist es, daß ein mehr rechtstechnisch wirkender, aber praktisch sehr bedeutsamer Punkt wiederum[218] nur in der Begründung des Gesetzes, nicht aber im Gesetzestext angesprochen wird: die Frage, unter welchen Voraussetzungen Forderungen der Gewerkschaft als „erhoben" anzusehen sind. Das soll sehr weitgehend angenommen werden können, selbst aufgrund eines konkludenten Verhaltens[219]. Hier ist verfassungsrechtlicher[220] Zündstoff verborgen, der neue Prozesse zwangsläufig programmiert.

5. Dieser Eindruck entsteht vollends, soweit es um die praktische Handhabbarkeit des Kernstücks der geplanten Neuregelung geht. Sehr plastisch und drastisch hat Seiter erst jüngst hinsichtlich der Regelung des § 4 Neutralitäts-Anordnung formuliert, daß die Erörterungen über Forderungen, die „gleich", „identisch", „fast gleich", „im wesentlichen gleich" usw. seien, an Haarspaltereien aus der Blütezeit der Begriffsjurisprudenz erinnerten[221]. Es gehört keine Prophetie zu der Prognose, daß die diesbezüglichen Interpretationsversuche durch die geplante Neufassung des § 116 AFG — etwas verschoben — ad infinitum prolongiert, ja durch die geplante Differenzierung zwischen Haupt- und Nebenforderungen noch weiter erschwert werden. Dementsprechend unternimmt man bereits im (Vorfeld des) Gesetzgebungsverfahren(s) die verschiedensten „Klarstellungsversuche"[222], die aber bei dem einmal gewählten Ansatz schwerlich gelingen können.

Schon zuvor konnte man aus dem Hause des Bundessozialgerichts Äußerungen lesen[223], das BSG werde an Neufassungen des § 116 AFG

---

[218] Bekanntlich wird der Gesetzentwurf maßgeblich mit der „Klarstellung des gesetzgeberischen Willens" in einem anderen Punkt begründet, vgl. oben bei Fn. 187! Zur Endfassung siehe aber jetzt § 116 III 2 AFG n. F. (unten H I 2).

[219] Vgl. Begründung zum Regierungsentwurf (Fn. 2), S. 13 f.

[220] Zur verbandsinternen Organisations- und Willensbildungsfreiheit vgl. *Scholz* in Maunz / Dürig / Herzog / Scholz, GG, Stand August 1979, Art. 9 Rdnrn. 202 ff.

[221] *Seiter* (Fn. 6), S. 58.

[222] Erwähnt sei nur der vom Senat von Berlin im Rechtsausschuß des Bundesrats eingebrachte (und dort abgelehnte) Änderungsvorschlag, vgl. „Tagesspiegel" vom 10.1.1986.

[223] *Gagel* NZA 1985, S. 793 ff.

dieselbe Elle anlegen wie bisher, d. h. es werde der Bundesanstalt für Arbeit im Rahmen des Arbeitskampfes keine wertenden Entscheidungen zugestehen und deshalb jede Neuregelung eng auslegen und auf den Bereich beschränken, der sich aus dem Wortlaut eindeutig ablesen lasse. „Wenn und soweit die materiellen Folgen der gegenwärtigen Auslegung von § 116 AFG als unzuträglich empfunden werden, muß dies entweder durch neue Überlegungen im Bereich des Arbeitsrechts oder *andere hinreichend klare und einfach handhabbare gesetzliche Regelungen geschehen.*"[224] Daß der Regierungsentwurf letztgenanntem Postulat nicht entspricht, wird eindrucksvoll durch den Vorschlag von Biedenkopf belegt, die Anwendung der neuen Bestimmung einer Schlichtungsstelle zu übertragen, die im Rahmen der Selbstverwaltung der Bundesanstalt die erforderliche — schnelle — Entscheidung treffen könne, ob die Anstalt im konkreten Fall das Streikfolgenrisiko übernehmen müsse oder nicht[225].

6. In summa: Der Regierungsentwurf erscheint — rückwärtsgerichtet — ganz an der bisherigen Streiktaktik der IG Metall orientiert und versucht, die daraus resultierenden Probleme zu bewältigen[226]. Ein wesentlicher Teil der derzeitigen rechtlichen Schwierigkeiten wird aber nur verschoben, nicht wirklich gelöst. Bei zukunftsgerichteter, „offener" Betrachtung wirft der Entwurf schon auf den ersten Blick eine Fülle rechtlicher und praktischer Fragen auf, die nicht nur die Befürchtung, sondern die Gewißheit aufkommen läßt, daß schon nach kurzer Zeit erneut der Ruf nach einer Gesetzesänderung erschallen wird. Spätestens dann wird sich die Frage einer *grundlegenden Reform* stellen. Ein denkbares Modell einer derartigen Reform sei deshalb im folgenden auf der Basis der oben angestellten Überlegungen in Umrissen dargestellt.

---

[224] So *Gagel* a.a.O. S. 795 in einer engagierten Erwiderung auf *Th. Raiser* NZA 1984, S. 369 ff.

[225] So *Biedenkopf* in einem Beitrag der Illustrierten „Stern", zitiert nach „Tagesspiegel" vom 8. 1. 1986. Gegen diesen Vorschlag und Abwandlungen sind von verschiedenen Seiten erhebliche Bedenken erhoben worden, vgl. nur „Tagesspiegel" vom 28. 2. 1986.

[226] So jetzt auch die Einschätzung von *Isensee* DB 1986, S. 429 (432).

F. Modell einer Grundlagen-Reform des § 116 AFG

I. Grundlagen

Die wichtigsten Grundlagen einer derartigen Neuregelung lassen sich auf der Basis der vorangestellten Überlegungen in fünf Punkten zusammenfassen:

1. Versicherungstechnische Verselbständigung des Arbeitskampfrisikos.

2. Wie bisher[227] und nach Regierungsentwurf[228] *keine Leistungen* an arbeitskampfbeteiligte Arbeitnehmer und an mittelbar betroffene Arbeitnehmer des räumlichen und fachlichen Tarifbereichs.

3. Entsprechend bisheriger Praxis[229] und Regierungsentwurf[230] *sachlich und der Höhe nach uneingeschränkte Leistungen* an mittelbar betroffene Arbeitnehmer außerhalb des fachlichen Tarifbereichs.

4. Anders als bisher[231] und nach Regierungsentwurf[232] *sachlich uneingeschränkte Leistungen* an mittelbar bertoffene Arbeitnehmer außerhalb des räumlichen, aber innerhalb des fachlichen Tarifbereichs — bei *höhenmäßiger* Orientierung an den Sätzen der Arbeitslosenhilfe bzw. Sozialhilfe.

5. Vorrangige Finanzierung des untersuchten Arbeitskampfrisikos durch die Arbeitnehmer — unter Umständen mit der Möglichkeit einer Arbeitgeberbeteiligung[233].

---

[227] Vgl. § 116 II, III 1 Nr. 1 AFG; §§ 2, 3 Neutralitäts-Anordnung.
[228] Vgl. § 116 II, III 1 Nr. 1 Regierungsentwurf.
[229] Vgl. oben bei Fn. 16 und 112 ff.
[230] Vgl. § 116 I 2 Regierungsentwurf und dazu oben Fn. 16.
[231] Vgl. §§ 116 III AFG, 4 Neutralitäts-Anordnung.
[232] Vgl. § 116 III 1 Nr. 2 Regierungsentwurf.
[233] Siehe unten F I 3.

II. Erläuterungen

1. Einheitliche Gewährung reduzierter Leistungen an problembehaftete Arbeitnehmergruppe aus öffentlichen Interessen

Konsequenz dieses Vorschlags wäre, daß die am stärksten problembehaftete Arbeitnehmergruppe entsprechend Punkt 4. einheitlich behandelt würde, d. h. ohne Differenzierung nach Erhebung „annähernd gleicher oder ungleicher Hauptforderungen" durch die Gewerkschaftsseite. Alle daraus resultierenden Schwierigkeiten könnten entfallen.

Eine höhenmäßige Orientierung — Einzelheiten wären noch zu erarbeiten — der Leistungen an den Sätzen der Arbeitslosenhilfe bzw. Sozialhilfe ist durch den früher skizzierten Begründungszusammenhang vorgezeichnet: Zulässigkeit und Grenzen einer Verteilung der aus dem Arbeitskampf folgenden — beiderseitigen — „Verlustrisiken" ergeben sich maßgeblich aus dem Gedanken des öffentlichen Interesses. Bezüglich der Arbeitnehmerseite bedeutet dies, daß eine versicherungsmäßige Abdeckung dieses Risikos jedenfalls insoweit zulässig sein muß, als damit eine sonst zu befürchtende finanzielle und/oder verwaltungsmäßige Belastung der Sozialhilfeträger bzw. ein „arbeitskampfinadäquater" Druck auf die betroffenen Arbeitnehmer vermieden wird. Diese Gefahr besteht vorrangig und uneingeschränkt bezüglich der Außenseiter, daneben aber auch hinsichtlich der organisierten Arbeitnehmer, solange die Gewerkschaften sich nicht *rechtlich* zur Leistung von „Streikgeldern" verpflichten. Beide Arbeitnehmergruppen sind aber gleichzubehandeln[234]. Im Ergebnis würden bedürftigkeits*unabhängige Versicherungs*leistungen, die unter den Sätzen des Arbeitslosengeldes bzw. Kurzarbeitergeldes liegen, gewährt.

Als erste Orientierung für die Richtung der praktischen Konsequenzen mögen die unterschiedlichen Sätze des *Arbeitslosengeldes* einerseits und der *Arbeitslosenhilfe* andererseits dienen:

Für *Arbeitslose, die mindestens ein Kind haben,* beträgt

---

[234] So hinsichtlich des Lohnrisikos BAG AP Nr. 4 zu § 615 BGB Betriebsrisiko; *Zöllner*, Arbeitsrecht (Fn. 11), S. 199. Vgl. auch unten bei Fn. 239.

II. Erläuterungen

— das *Arbeitslosengeld* 68 % des Netto-Arbeitsentgelts (§ 111 I Nr. 1 AFG),

— die *Arbeitslosenhilfe* 58 % des Netto-Arbeitsentgelts (§ 136 I Nr. 1 AFG).

Für *sonstige Arbeitslose* beträgt

— das *Arbeitslosengeld* 63 % des Netto-Arbeitsentgelts (§ 111 I Nr. 2 AFG),

— die *Arbeitslosenhilfe* 56 % des Netto-Arbeitsentgelts (§ 136 I Nr. 2 AFG).

Die Sätze des *Kurzarbeitergeldes* entsprechen prinzipiell denen des Arbeitslosengeldes (§ 68 IV AFG).

2. Abgrenzung zur „Stellvertretungs-Konzeption" des Regierungsentwurfs

Allerdings wird in der Begründung zum Regierungsentwurf ausgeführt, der durch die Zahlung von Arbeitslosengeld auf den Arbeitskampf ausgeübte allgemeine Einfluß reiche nicht aus, um die Erfüllung eines Versicherungsanspruchs zu versagen; vielmehr bedürfe es dazu in Gestalt des „Stellvertretergedankens" einer *besonderen Rechtfertigung*[235]. Diese Überlegungen sind indessen, wie oben dargelegt[236], konzeptionell einseitig und können deshalb so nicht überzeugen. Sie stehen zudem aus weiteren Gründen dem hiesigen Ansatz nicht entgegen: Wird nämlich das Arbeitskampfrisiko versicherungstechnisch verselbständigt, so ergibt sich daraus von *vornherein* aus dem Gesetz in aller Deutlichkeit, daß bei Verwirklichung dieses Risikos nur niedrigere Leistungen in Betracht kommen als bei Verwirklichung des *allgemeinen* Arbeitslosigkeitsrisikos. Es wird also kein „an sich" bestehender Versicherungsanspruch „versagt" (beim hiesigen Ansatz allenfalls: „eingeschränkt"), sondern von vornherein nur ein beschränkter Leistungsanspruch gewährt[237]. Dies gilt

---

[235] Vgl. Begründung zum Regierungsentwurf (Fn. 2), S. 13.

[236] Vgl. oben bei Fn. 212 ff.

[237] De lege lata besteht ein erbitterter Streit, ob „an sich" ein Anspruch auf Gewährung von Arbeitslosen- bzw. Kurzarbeitergeld besteht, derartige Leistungen deshalb die *Regel* und ihr Ruhen die *Ausnahme* sei oder nicht; vgl. vor allem BSGE 40, S. 190 (202 ff.) und die Kritik bei *Seiter* (Fn. 6), S. 52 ff.

in gleicher Weise für gewerkschaftlich organisierte wie für nichtorganisierte Arbeitnehmer[238]. Letztgenannte können — auch angesichts gleicher Beitragspflichten — nicht hinsichtlich der Leistungen bessergestellt werden als die Gewerkschaftsangehörigen. Im übrigen müssen sich nichtorganisierte Arbeitnehmer aus *arbeitsrechtlichen* Gründen auch sonst häufig wie organisierte Arbeitnehmer behandeln lassen[239]. Die Gleichbehandlung im Rahmen der Arbeitslosenversicherung liegt ganz auf dieser Linie.

Der Gedanke einer besonderen Rechtfertigung für die „Schlechterstellung" der problembehafteten Arbeitnehmergruppe im Vergleich zur „normalen" Arbeitslosigkeit kann allerdings u. a. aus völkerrechtlichen Gründen angezeigt sein. Eine vermittelnde Auffassung zur Bedeutung von Art. 69 Buchst. i) des IAO-Abkommens Nr. 102[240] geht nämlich davon aus, daß ein Ruhen der „normalen" AFG-Leistungen nicht schon zulässig ist, wenn der Verlust der Beschäftigung direkt-kausal durch die Stillegung eines mittelbar vom Arbeitskampf betroffenen Betriebes herbeigeführt wurde[241]. Vielmehr sei entsprechend einer von der Expertenkommission der IAO vorgenommenen Gruppeneinteilung zur Abschneidung von Zweifeln vorsorglich zusätzlich darauf abzustellen[242], ob die Arbeitsbedingungen der betreffenden Arbeitnehmer durch das Streikergebnis beeinflußt werden könn(t)en[243].

---

[238] Insbesondere für die nichtorganisierten Arbeitnehmer betont die Regierungsbegründung das Erfordernis eines besonderen Rechtfertigungsgrundes für die „Versagung eines Versicherungsanspruchs", vgl. Regierungsentwurf (Fn. 2), S. 13.

[239] Vgl. *Konzen*, BAG-FS, 1979, S. 273 ff.; *Scholz / Konzen* (Fn. 133), S. 255 ff.; *Seiter* JZ 1979, S. 657 ff.

[240] Vgl. dazu oben Fn. 60 und unten F IV 1.

[241] So aber die h. M., vgl. unten Fn. 272.

[242] Vgl. jüngst *Heintzen / Eilers* DB 1986, S. 271 (277 f.), aber auch schon *Säcker* (Fn. 3), S. 42 ff.

[243] Die Expertenkommission unterscheidet zwischen drei Arbeitnehmergruppen (vgl. *Heintzen / Eilers* a.a.O. S. 277; *Säcker* a.a.O. S. 47):
Englische Textfassung
(1) those who participate actively in a strike,
(2) those who do not, and who may or may not be employed in the undertaking or branch of it where the strike takes place, but whose working conditions could be affected by its outcome
and

II. Erläuterungen

Dies ist ein auch national plausibles Rechtfertigungs- bzw. Zurechnungskriterium, welches freilich wesentlich weiter ausfällt als der Stellvertretungsgedanke. Denn das Streikergebnis kann bzw. könnte die Arbeitsbedingungen der mittelbar betroffenen Arbeitnehmer bereits dadurch beeinflussen, daß das „wirtschaftlich-rechnerische Gesamtergebnis"[244] ein Datum für die Tarifverhandlungen im mittelbar betroffenen Tarifgebiet darstellt, das nicht oder nur aus besonderen Gründen unterschritten wird[245]. Eine großzügige Interpretation dieses Kriteriums der Einflußmöglichkeit ist auch deshalb gerechtfertigt, weil der IAO-Sachverständigenausschuß die davon erfaßte Arbeitnehmergruppe von derjenigen abgrenzt, die zwar wegen fehlender Belieferung oder ähnlicher Umstände ebenfalls nicht arbeiten kann, die aber an dem Streik „nicht interessiert" ist[246] bzw.

---

(3) those who do not participate in the strike, are not employed in the undertaking where the dispute occurs and are not interested in it, but who cannot work because of lack of supplies or similar factors beyond their control.

Französische Texfassung

(1) les travailleurs qui participent activement à une grève en vue de faire aboutir certaines revendications;

(2) les travailleurs qui ne participent pas à la grève, et qui peuvent être ou ne pas être employés dans l'entreprise ou dans l'une de ses dépendances où la grève a lieu, mais dont les conditions de travail peuvent être influencées par les résultats auxquels elle aboutit;

(3) les travailleurs qui ne participent pas à la grève, qui ne sont pas employées dans l'entreprise ou dans l'une des dépendances, où la grève a lieu et qui ne sont nullement influencés par les résultats de la grève, mais qui ne sont plus en mesure de travailler par suite d'un manque de fournitures ou de produits analogues qui ne dépend pas d'eux.

In Rede steht hier die unter (2) umrissene Arbeitnehmergruppe.

[244] Vgl. auch *Säcker* (Fn. 3), S. 94 ff. zur Auslegung von § 4 der Neutralitäts-Anordnung: „Wirtschaftliche Betrachtungsweise"; „barometrische Auswirkungen" des Arbeitskampfes. *Kreuzer* (Fn. 3), S. 97 weist für § 116 III 1 Nr. 2 AFG darauf hin, daß sich *diese* Vorschrift nicht mit der „vagen Möglichkeit" einer Beeinflussung — in dem dort geregelten Sinne — begnügt. Zur Problematik der Beeinflussung i. S. v. § 116 III 1 Nr. 2 AFG ausführlich *G. Müller* (Fn. 27), S. 216 ff.

[245] Vgl. zu diesen Zusammenhängen Steinberg RdA 1975, S. 99 (104); *v. Stebut*, Der soziale Schutz als Regelungsproblem des Vertragsrechts, 1982, S. 233 f. m. w. Nachw.; siehe auch *Radke* RdA 1973, S. 14 (18); *Löwisch* RdA 1973, S. 22 (23 f.); *Th. Raiser* NZA 1984, S. 369 (376).

[246] Vgl. Englische Textfassung in Fn. 243 unter (3).

„keinesfalls" von dem Streikergebnis beeinflußt wird[247] — Formulierungen, die klar eine restriktive Umgrenzung der letztgenannten Arbeitnehmergruppe erheischen.

Eine *normative* Betrachtungsweise spricht zudem dafür, daß Einfluß-/Partizipationschancen „nach Möglichkeit" von der problembehafteten Arbeitnehmergruppe, repräsentiert durch *ihre* Gewerkschaft bzw. durch ihre Gewerkschaftsorgane, wahrzunehmen sind. Danach ist davon auszugehen, daß Arbeitsbedingungen nur dann durch das Streikergebnis nicht beeinflußt werden können, wenn dies nach der „Natur der Sache" ausgeschlossen erscheint. So und nur so sind Manipulationsgefahren ausgeschlossen — anders als nach der Stellvertretungkonzeption des Regierungsentwurfs. Zugleich wird so weitgehend dem neutralitätsspezifischen Gleichbehandlungsprinzip Rechnung getragen. Ist doch zu bedenken, daß die Produktionsausfälle und Schäden der mittelbar arbeitskampfbetroffenen *Arbeitgeber* bereits bei bloßer Kausalität entstehen.

Auf dieser Basis wird man sagen können, daß jedenfalls innerhalb des (bisher hervorgetretenen problembehafteten) fachlichen Tarifbereichs *typischerweise* Einflußmöglichkeiten der erörterten Art bestehen, darüber hinaus häufig sogar auch branchenübergreifende Interdependenzen. Berücksichtigt man, daß der Gesetzgeber verfassungsrechtlich befugt ist, bei der Schaffung gesetzlicher Regelungen unter Ausrichtung am Normalfall zu typisieren[248], so läßt sich unter den erörterten völker- und verfassungsrechtlichen Aspekten eine Regelung als zulässig ansehen, die zwar für mittelbar arbeitskampfbetroffene Arbeitnehmer *anderer* Branchen die Regelleistungen der Arbeitslosenversicherung vorsieht — so der insoweit akzeptable Regierungsentwurf —, hingegen mittelbar betrofffene Arbeitnehmer *derselben* Branche von diesen Regelleistungen ausnimmt. Auf jeden Fall würde für atypische Ausnahme-Konstellationen innerhalb der letztgenannten Arbeitnehmergruppe die „Härteklausel" des § 116 IV AFG ausreichen.

Die „Stellvertretungs-Konzeption" des Regierungsentwurfs ist mithin *völkerrechtlich* nicht zwingend geboten. Sie hält sich allerdings

---

[247] Vgl. Französische Textfassung in Fn. 243 unter (3).

[248] Vgl. den Überblick über die Rechtsprechung des BVerfG bei *Leibholz / Rinck / Hesselberger*, GG, 6. Aufl., Art. 3 Rdnr. 15.

im Rahmen der erörterten völkerrechtlichen Auslegungsvariante und sucht unter national-neutralitätsspezifischen Aspekten nach einer ausgewogenen Lösung, die freilich aus hiesiger Sicht auf die umrissenen anderweitigen Bedenken stößt. Die vorstehenden Überlegungen zeigen zugleich, daß sich die hier entwickelte Konzeption — generelle Gewährung von Leistungen für die problembehaftete Arbeitnehmergruppe, allerdings auf niedrigerem Niveau — zwanglos mit dem zugrunde gelegten völkerrechtlichen Ansatz vereinbaren ließe. Diese Konzeption wäre zudem geeignet, neben der Bereinigung der erörterten innerstaatlichen Rechtsprobleme auch den von der IAO-Expertenkommission bekundeten völkerrechtlichen Unklarheiten[249] durch eine „problemübergreifende" Lösung Rechnung zu tragen.

3. Kausalitäts- und Zurechnungsgründe für Abstufung gegenüber anderen Arbeitnehmergruppen

Insgesamt ergeben sich danach zugleich plausible *Kausalitäts- und Zurechnungsgründe* für die differenzierende Behandlung der drei verschiedenen mittelbar arbeitskampfbetroffenen Arbeitnehmergruppen (vgl. Punkte 2. - 4. der „Grundlagen"):

a) Die mittelbar arbeitskampfbetroffenen Arbeitnehmer innerhalb des räumlichen und fachlichen Tarifbereichs

— werden kausal vom Arbeitskampf betroffen[250],

— partizipieren unmittelbar am Kampfergebnis,

— haben (als Gewerkschaftsmitglieder[251]) unmittelbar Einflußmöglichkeiten auf den Arbeitskampf (Urabstimmung!),

— außerdem läßt sich — wissenschaftlich — der Gedanke der versicherungsrechtlichen „Repräsentantenhaftung" überzeugend nutzbar machen[252].

b) Die mittelbar arbeitskampfbetroffenen Arbeitnehmer außerhalb des fachlichen Tarifbereichs

---

[249] Vgl. die Hinweise bei *Heintzen / Eilers* DB 1986, S. 271 (277) mit Fn. 81.

[250] Vgl. oben Fn. 241.

[251] Zu Außenseitern siehe oben bei Fn. 239 mit Weiterverweisungen.

[252] Siehe dazu oben C I 2 b).

- sind zwar ebenfalls kausal vom Arbeitskampf betroffen,
- partizipieren hingegen allenfalls teilweise und häufig nur am wirtschaftlich-rechnerischen Gesamtergebnis des Arbeitskampfes,
- haben mangels Zugehörigkeit zur gleichen Gewerkschaft kaum oder nur schwer meßbare Einflußmöglichkeiten auf den Arbeitskampf[253],
- der Gedanke der versicherungsrechtlichen „Repräsentantenhaftung" läßt sich von der zugrunde gelegten Typik her nicht überzeugungskräftig begründen.

c) Die mittelbar arbeitskampfbetroffenen Arbeitnehmer innerhalb des fachlichen, aber außerhalb des räumlichen Tarifbereichs rangieren zwischen den beiden genannten Arbeitnehmergruppen:

- Sie sind kausal vom Arbeitskampf betroffen,
- können typischerweise am Kampfergebnis — und sei es auch nur am wirtschaftlich-rechnerischen Gesamtergebnis — partizipieren,
- haben zwar keine unmittelbaren Einflußmöglichkeiten über die Urabstimmung auf den Arbeitskampf, ihre mittelbaren Einflußmöglichkeiten sind aber aufgrund der Zugehörigkeit zur kämpfenden Gewerkschaft höher einzuschätzen als bei Komplex b)[254],
- der Gedanke der versicherungsrechtlichen „Repräsentantenhaftung" führt wissenschaftlich nicht zu klaren, zwingenden Konsequenzen bzw. Ergebnissen, tendenziell aber doch zum Erfordernis eines Elements der Verhaltens- bzw. Risikosteuerung.

Entsprechend der so gestaffelten „Nähe" der Arbeitnehmer zum Arbeitskampf können Leistungen der Bundesanstalt für Arbeit den Arbeitskampf in unterschiedlichem Maße beeinflussen. Auch von daher ist die hier vorgeschlagene dreifache Abstufung der Leistungen bei material-wertender Betrachtungsweise innerlich gerechtfertigt.

---

[253] Vgl. die Einschätzung des BAG, oben Fn. 13.
[254] Vgl. BAG wie Fn. 13.

II. Erläuterungen

4. Finanzierungsaspekte

Die *Finanzierung* des untersuchten Arbeitskampfrisikos wäre nach der vorgestellten Konzeption primär Sache der Arbeitnehmer[255]. Allerdings ist schon darauf hingewiesen worden, daß je nach juristischer und versicherungsmathematischer Einschätzung von *Vorteilen* der Versicherung für die Arbeitgeber durchaus ein Beitragsanteil ihrer Seite in Betracht kommen könnte[256].

Außerdem ließe sich eine Beitragsbeteiligung der Arbeitgeber unter dem Aspekt einer anderenfalls möglicherweise zu befürchtenden *evidenten Kampfimparität*[257] denken: Wenn und soweit nach der Einschätzung des Gesetzgebers[258] eine Beitrags- bzw. Umlagebelastung der Arbeitnehmer zu einem dysfunktionalen Druck auf die Gewerkschaften führen würde, müßte sich eine Beteiligung der Arbeitgeber an den Beiträgen rechtfertigen lassen[259], dies auch unter Berücksichtigung der herkömmlichen Regelung sowie der ökonomisch-technologischen Umwälzungen[260], die die untersuchte Problematik verschärft haben. Die Verdeutlichung der Legitimationsgrundlage könnte dann immerhin für künftige Entwicklungen bedeutungsvoll sein und das theoretische Rüstzeug bieten für eine flexible Anpassung an veränderte Verhältnisse.

---

[255] Vgl. oben C II 6.
[256] Vgl. oben C II 5.
[257] Vgl. oben D I bei Fn. 139 ff.
[258] Vgl. dazu nur *Schwerdtfeger* (Fn. 4), S. 61 ff. m. w. Nachw. und auch die Praxis des BAG als „Ersatzgesetzgeber": AP Nrn. 64, 65, 70 zu Art. 9 GG Arbeitskampf.
[259] Methodisch kann in diesem Zusammenhang der „bisherige Verlauf der Sozialgeschichte" als „Erkenntnismittel und Indiz" von Bedeutung sein, vgl. nur BAG AP Nr. 64 und Nr. 65 zu Art. 9 GG Arbeitskampf, jeweils unter A IV 1 c der Entscheidungsgründe. Hingewiesen sei in diesem Zusammenhang auch auf den vergleichbaren methodischen Ansatz der „Sockeltheorie" bei der Mißbrauchsaufsicht über marktbeherrschende Unternehmen nach § 22 GWB, vgl. *Möschel* in Immenga / Mestmäcker, GWB, 1981, § 22 Rdnr. 166.
[260] Bekanntlich korreliert die „Mini-Max-Taktik" der Gewerkschaften mit der zunehmenden Spezialisierung der Unternehmen und dem Einsatz elektronischer Lagerhaltungssysteme. Dadurch lassen sich Material- und Warenvorräte der Produzenten so knapp wie möglich halten, und es kommt zu einer starken — arbeitskampfanfälligen — produktionstechnischen Verflechtung zwischen Produzenten und Zulieferern.

5. Zwischenergebnis

Insgesamt gesehen ließe sich bei generell zu gewährenden, aber reduzierten Leistungen die bisherige Konzeption eines gleichermaßen starren wie schwer handhabbaren „Alles oder Nichts" zugunsten einer einfachen „Sowohl- als auch-Lösung" auf niedrigerem Niveau überwinden. Es würden sich neue Spielräume für Kompromisse eröffnen. Die jahrzehntelangen Kontroversen über Bedeutung und Auswirkungen der Staatsneutralität[261] könnten unter dem Fundament eines neuen Modells begraben werden.

III. Elemente der Risikosteuerung

Zentraler Grundsatz für die nähere Ausgestaltung des Modells muß der aus dem Neutralitätsgebot folgende Leitgedanke sein, daß staatliche Regeln zwar am öffentlichen Interesse auszurichten sind, sie aber nicht die (Arbeitgeber- und) Arbeitnehmerseite von den arbeitskampfadäquaten Risiken wirtschaftlicher Verluste entbinden dürfen, wenn dadurch das freie Spiel der antagonistisch aufeinanderstoßenden Kräfte gestört bzw. staatsinterventionistisch aufgehoben würde[262].

Dabei ist auch das Spannungsverhältnis zwischen Gewerkschaften und deren Angehörigen einerseits sowie den Außenseitern andererseits mitzubedenken, was u. a. hinsichtlich der Finanzierung der AFG-Leistungen eine Rolle spielt[263]. Zu dieser komplexen Thematik[264] muß hier die Feststellung genügen, daß Organisierte und Außenseiter seit jeher sowohl hinsichtlich der Beitragspflichten wie hinsichtlich der Leistungsansprüche einheitlich behandelt worden sind und daß eine

---

[261] Vgl. oben A I und ausführlich *Säcker* (Fn. 3), S. 27 ff.

[262] Siehe oben D I am Ende.

[263] Zu vermuten ist zudem ein gewisses Spannungsverhältnis *zwischen* den verschiedenen Gewerkschaften und deren Angehörigen, da Tarifvertrags-Arbeitskampfpraxis und die in dieser Arbeit behandelten Probleme unterschiedlich gelagert sind. Arbeitskampfergebnisse stellen aber häufig wertvolle Daten auch für Gewerkschaften und Arbeitnehmer *anderer* Branchen dar, so daß die Finanzierung des Arbeitskampfrisikos durch alle Arbeitnehmer auch von daher gerechtfertigt erscheint, vgl. auch oben F II 2 bei Fn. 240 ff.

[264] Vgl. die Hinweise oben Fn. 239.

III. Elemente der Risikosteuerung

vergleichbar einheitliche Behandlung auch auf Arbeitgeberseite besteht, soweit dort die behandelte Umverteilung der Arbeitskampfrisiken[265] stattfindet. Hierbei muß es verbleiben.

Die vorstehend umrissene Legitimation und Begrenzung der Umverteilung vom öffentlichen Interesse her sowie die nachstehend aufgeführten Steuerungsfaktoren zur Gewährleistung des eingangs genannten zentralen Grundsatzes bzw. zur Eindämmung entgegenstehender Risiken dürften geeignet sein, auch diesem Spannungsverhältnis Rechnung zu tragen. Zugleich müssen alle diese Faktoren dem zwar arbeitsrechtlich, nicht aber versicherungstechnisch adäquaten Umstand gerecht zu werden suchen, daß die den Versicherungsfall bewußt und gewollt herbeiführenden Personen in der Regel keinem Haftungsrisiko ausgesetzt sind. Dieser Funktionszusammenhang tangiert, wie früher dargelegt[266], Grundlagen der Versicherungstechnik.

Als derartige Elemente zur Steuerung des Gesamtrisikos, die teils gesetzlich zu regeln, teils von der Rechtsprechung „modell-konform" (weiter-) zu entwickeln wären, kommen — ohne Anspruch auf Vollständigkeit aufgeführt — in Betracht:

1. der arbeitskampfrechtliche Verhältnismäßigkeitsgrundsatz[267];
2. das Recht der Arbeitgeberseite zur Abwehraussperrung mit ihren Folgewirkungen[268];
3. der den Arbeitnehmern klar zu verdeutlichende Zusammenhang von Versicherungsleistungen und Beitrags-/Umlagebelastungen;
4. die von den betroffenen Arbeitnehmern anteilig zu tragenden Einkommenseinbußen in der sich aus den Punkten 2.-4. der

---

[265] Vgl. oben D II 2.

[266] Siehe oben C I 1 bei Fn. 49.

[267] Vgl. dazu vor allem BAG AP Nrn. 43, 64 u. 65 zu Art. 9 GG Arbeitskampf. Es könnte daran gedacht werden, ähnlich wie die in den letztgenannten Urteilen entwickelten — freilich zu Recht sehr umstrittenen — Zahlenschlüssel für die Abwehraussperrung auch Relationen zwischen unmittelbar bestreikten und mittelbar betroffenen Betrieben/Arbeitnehmern zu entwickeln.

[268] Die „Engführung" des personellen Kampfrahmens durch die Gewerkschaft kann mittels der Abwehraussperrung in den vom BAG gezogenen Grenzen (vgl. Fn. 267) konterkariert werden, wodurch sich die unter Ziff. 4, 5 des Textes genannten Risiken für die Arbeitnehmerseite vergrößern.

"Grundlagen" je nach "Nähe" zum Arbeitskampf ergebenden dreifachen Abstufung[269];

5. die aus Punkten 2. und 4. resultierenden "Streikgeld-"Belastungen der Gewerkschaften bzw. der diesbezüglich in Betracht kommende Druck der Arbeitnehmer auf die Gewerkschaften[270].

IV. Internationalrechtliche und verfassungsrechtliche Absicherung

1. IAO-Abkommen Nr. 102

Das vorgeschlagene Modell muß im Anschluß an die früheren Erörterungen[270a] noch in zwei Punkten hinsichtlich der Beitrags- und der Leistungsseite auf seine Vereinbarkeit mit dem IAO-Abkommen Nr. 102[271] überprüft werden.

Art. 71 Nr. 2 des Abkommens sieht vor, daß die Gesamtsumme der von den geschützten Arbeitnehmern aufzubringenden Beiträge 50 % der Gesamtsumme der für den Schutz der Arbeitnehmer nebst Ehefrauen und Kindern bestimmten Mittel nicht übersteigen darf. "Gesamtsumme" ist dabei nicht nur auf die Arbeitslosenversicherung bezogen, sondern auf alle in dem Abkommen geregelten Zweige der sozialen Sicherheit. Art. 22 Nr. 2 i. V. m. Art. 65 und 66 schreibt außerdem eine Leistung von mindestens 45 % des früheren (Brutto-)Verdienstes bei einem Arbeitslosen mit Ehefrau und zwei Kindern vor.

Ob diesen beiden Anforderungen genügt würde bzw. genügt werden könnte, kann auf der Grundlage der *herrschenden Meinung* auf sich beruhen. Diese Bestimmungen werden danach nämlich durch Art. 69 Buchst. i) des Abkommens neutralisiert, wonach Leistungen im Falle der Arbeitslosigkeit ruhen können, "wenn der Verlust der

---

[269] Zur derzeitigen Lage vgl. die — zu § 116 III 1 Nr. 2 AFG sibyllinischen — Hinweise des BAG in den Entscheidungen AP Nr. 64 und Nr. 65 zu Art. 9 GG Arbeitskampf, jeweils unter A V 2 u. 3 der Entscheidungsgründe.

[270] Vgl. oben bei Fn. 212 ff.

[270a] Vgl. oben F II 2 bei Fn. 240 ff.

[271] Siehe dazu oben Fn. 60. Zur Bedeutung des Abkommens für das innerstaatliche Recht vgl. bei Fn. 61.

IV. Internationalrechtliche und verfassungsrechtliche Absicherung 73

Beschäftigung die unmittelbare Folge einer auf eine Arbeitsstreitigkeit zurückzuführenden Arbeitseinstellung war". Nach h. M. erfaßt diese Vorschrift auch den durch die Stillegung eines mittelbar vom Arbeitskampf betroffenen Betriebes direkt-kausal verursachten Verlust der Beschäftigung[272].

Können in solchen Fällen mithin die Leistungen *völlig* ruhen, so wäre erst recht eine *Reduzierung* in dem hier vorgeschlagenen Sinne zulässig. Zugleich ist damit dargetan, daß derartige (reduzierte) Leistungen keine im Sinne des Übereinkommens bei Arbeitslosigkeit „bestimmten Mittel" (Art. 71 Nr. 2) bzw. „nach diesem Übereinkommen gewährte Leistungen" (vgl. Art. 71 Nr. 1) sind. Die erwähnte Beitragsklausel greift deshalb danach gar nicht ein.

Eine *vermittelnde Auffassung* will allerdings, wie früher dargelegt[273], die Bedeutung des Art. 69 Buchst. i) danach modifizieren, ob die mittelbar arbeitskampfbetroffenen Arbeitnehmer am Kampfergebnis partizipieren können oder nicht. Dies mündet bei typisierender Betrachtungsweise in die Differenzierung nach Branchenbetroffenheit ein[274]. Geht man *vorsorglich* von diesem Ansatz aus, so fallen mittelbar arbeitskampfbetroffene Arbeitnehmer *anderer* Branchen nicht unter Art. 69 i) des Abkommens. Diesen Arbeitnehmern sollen aber sowohl nach dem Regierungsentwurf wie auch nach hiesiger Konzeption der Sache und Höhe nach uneingeschränkte Leistungen nach dem AFG gewährt werden. Was die Beiträge anbelangt, so ist oben[275] gerade mit Blick auf diese Arbeitnehmergruppe ein Ansatzpunkt für eine Beitragsbeteiligung der Arbeitgeber herausgearbeitet worden. Insgesamt bereitet das IAO-Abkommen deshalb auch bei Zugrundelegung der vermittelnden Auslegungsvariante keine ernsthaften Schwierigkeiten für die Verwirklichung der in dieser Studie entwickelten Konzeption.

Im übrigen erscheint es sogar denkbar, daß sich bei Detailberechnungen herausstellt, daß beiden eingangs problematisierten Regelungen der Konvention voll Rechnung getragen werden könnte. Mit

---

[272] Umfassend *Seiter* (Fn. 6), S. 38 ff. m. w. Nachw.
[273] Vgl. oben bei Fn. 240 ff.
[274] Siehe oben bei Fn. 248 ff.
[275] Siehe oben C II 5; vgl. außerdem oben F II 3.

Hilfe des hiesigen Modells ließen sich dann sogar die Angriffe von Vertretern einer *Mindermeinung*[276] entkräften, die sich gegen die vorstehend erörterten, überwiegend vertretenen Interpretationsvarianten des Art. 69 i) richten.

2. Verfassungsrecht

Abschließend sei noch kurz auf verfassungsrechtliche Fragestellungen eingegangen.

a) Daß das entwickelte Modell dem in Art. 9 III GG verankerten Neutralitätsprinzip gerecht wird, ist bereits verschiedentlich angesprochen worden und hier nur zusammenzufassen.

Das Modell ist gleichermaßen an der *freiheits-*[277] wie an der *gleichheitssichernden*[278] Funktion des Neutralitätsprinzips ausgerichtet — unter Berücksichtigung *öffentlicher Interessen*[279]. Die Freiheitssicherung ergibt sich daraus, daß die Gewerkschaften — anders als nach dem Regierungsentwurf[280] — weder unmittelbar noch auch — bei typisierender Betrachtungsweise[281] — mittelbar hinsichtlich der Ausgestaltung ihrer Tarifforderungen „staatlich" beeinflußt werden. Die Gewährung von AFG-Leistungen stellt im übrigen nicht bereits als solche einen — unzulässigen — Eingriff in die Freiheitskomponente des Neutralitätsprinzips dar[282], weil und soweit erstens eine rechtliche Symmetrie mit Risikoverteilungsmöglichkeiten auf Arbeitgeberseite besteht sowie zweitens diese Risikoverteilungsmöglichkeiten hier und dort dem Gemeinwohlinteresse entsprechen. Damit sind zugleich wesentliche Elemente einer rechtlichen Gleichbehandlung beider Seiten verwirklicht. Rechtliche Gleichbehandlung besteht auch im Hinblick auf Außenseiter. Schließlich wird die Arbeitgeberseite nicht — nach dem Regierungsentwurf: weitgehend hilflos[283] — der Streik-

---

[276] Vgl. die Nachweise bei *Seiter* (Fn. 6), S. 39.
[277] Vgl. dazu oben E II 2.
[278] Vgl. dazu oben D II 2 und E II 3.
[279] Vgl. dazu oben D II 3.
[280] Vgl. dazu oben E II 2.
[281] Siehe dazu oben F II 2 bei Fn. 240 ff.
[282] Siehe demgegenüber oben bei Fn. 132.
[283] Siehe oben E II 3.

IV. Internationalrechtliche und verfassungsrechtliche Absicherung 75

taktik der Gewerkschaften ausgeliefert. Insgesamt ist damit eine ausgewogene Konkordanz[284] zwischen den verschiedenen Komponenten des Neutralitätsprinzips hergestellt.

Das Modell baut dabei im Ansatz darauf auf, daß die Arbeitnehmerseite vorrangig die Finanzierung des behandelten Arbeitskampfrisikos zu tragen hat. Der Gesichtspunkt einer anderenfalls zu befürchtenden evidenten Kampfimparität könnte aber — je nach Einschätzung durch den Gesetzgeber — auch die Beibehaltung einer paritätischen Beitragsgestaltung oder modifizierende Lösungen rechtfertigen.

b) Im Gegensatz zum Regierungsentwurf würde das hiesige Modell keine koalitionsverfassungsrechtlichen Probleme unter dem Stichwort „Erhebung" von Tarifforderungen[285] provozieren. Feinziselierte Abgrenzungen zwischen „gleichen", „annähernd gleichen", „entsprechenden" usw. (Haupt-)Forderungen sowie diesbezügliche rechtsstaatliche Bedenken[286] könnten der Vergangenheit überantwortet werden. Die von Biedenkopf vorsorglich vorgeschlagene Einrichtung einer Schlichtungsstelle[287] zur Bewältigung der prognostizierten rechtlichen Schwierigkeiten wäre entbehrlich.

c) Näher zu betrachten ist noch die aus Art. 14 GG folgende Rechtslage. Oben wurde bereits darauf hingewiesen[288], daß ein diesbezüglicher verfassungsrechtlicher Schutz von Rechtspositionen aus der Arbeitslosenversicherung nicht völlig von der Hand zu weisen ist. Freilich bestehen gegen diese Annahme im konkreten Fall schon im Ansatz nicht unerhebliche Bedenken[289]. Aber selbst wenn man die bisherige *sozialgerichtliche Rechtsprechung* zugrunde legt, wonach den mittelbar arbeitskampfbetroffenen Arbeitnehmern AFG-Leistungen zustehen sollten[290], und wenn man weiter diese Rechtsposition auf der Grundlage der jüngsten Rechtsprechung des Bundesver-

---

[284] Siehe dazu oben bei Fn. 99 ff.
[285] Siehe dazu oben E II 4.
[286] Siehe oben Fn. 30.
[287] Siehe dazu oben bei Fn. 225.
[288] Vgl. oben E II 1 bei Fn. 192 f.
[289] Vgl. oben E II 1 bei Fn. 194 ff.
[290] Vgl. oben bei Fn. 19 - 21 a, 26.

fassungsgerichts[290a] unter Art. 14 I 1 GG zieht, muß man doch einen Verstoß des entwickelten Modells gegen den Eigentumsschutz der Verfassung verneinen. Denn jedenfalls durch die Neutralitäts-Anordnung waren Leistungsansprüche gegen die Bundesanstalt davon abhängig, daß es bei den erhobenen bzw. umkämpften Forderungen um „nach Art und Umfang ungleiche Forderungen" ging (Gegenschluß aus § 4 Neutralitäts-Anordnung). Je nach Ausgestaltung der Arbeitskampfforderungen war der betroffene Arbeitnehmer also anspruchsberechtigt oder nicht.

Nach dem hiesigen Modell soll es auf diese — schwierige — Abgrenzung nicht mehr ankommen. Der Arbeitnehmer soll stets — allerdings reduzierte — Leistungen erhalten. Es würde also gleichsam eine Umschichtung stattfinden. Berücksichtigt man weiter, daß bisherige Rechtsunsicherheiten beseitigt würden und daß das Modell insgesamt dahin zielt[291], für die mittelbar arbeitskampfbetroffenen Arbeitnehmer keine „ihre wirtschaftliche Existenz gefährdende Situation entstehen" zu lassen[292], so dürfte eine dahingehende Neuregelung sich jedenfalls im Rahmen der Eigentumsbindungsklausel des Art. 14 I 2 GG[293] halten. Dabei ist nach der Rechtsprechung des Bundesverfassungsgerichts[294] zusätzlich von Belang, daß der gesetzliche „Eingriff" eine besondere *verfassungsrechtliche* Rechtfertigung — eben vom Neutralitätsprinzip her — fände. Insgesamt wäre der „Eingriff" auf der Linie der jüngsten Entscheidung des Bundesverfassungsgerichts[294a] geradezu modellhaft durch Gründe des öffentlichen Interesses unter Berücksichtigung des Grundsatzes der Verhältnismäßigkeit gerechtfertigt.

Vorstehende Überlegungen beziehen sich auf die Problematik des *Übergangs* von alter zu neuer Regelung. Im *Rahmen der Neurege-*

[290a] Vgl. oben Fn. 199 a.

[291] Vgl. oben F II 1.

[292] Darauf stellt BVerfG NJW 1986, S. 39 (41) ab.

[293] Vgl. dazu z. B. BVerfGE 53, S. 257 (293) und *Papier* in Maunz / Dürig / Herzog / Scholz, GG, Stand September 1983, Art. 14 Rdnrn. 131 ff., 254 ff. mit umfassenden Nachweisen. Wichtig jetzt auch BVerfG v. 12. 2. 1986 (vgl. oben Fn. 199 a).

[294] Vgl. BVerfGE 53, S. 257 (296).

[294a] Vgl. oben Fn. 199 a.

IV. Internationalrechtliche und verfassungsrechtliche Absicherung

lung selbst bestünden bei versicherungstechnischer Verselbständigung des Arbeitskampfrisikos schon deshalb keine verfassungsrechtlichen Bedenken, weil den Versicherten — deutlich — *von vornherein* nur reduzierte Leistungsansprüche eingeräumt würden[295].

---

[295] Vgl. bereits oben F II 2 bei Fn. 237.

G. Schluß und Ausblick

Der Bundesarbeitsminister hat in Interviews erklärt, er wolle die mit § 116 AFG verbundene Problematik „pragmatisch" lösen; rechtssystematische Fragen seien demgegenüber zweitrangig[296]. Regeln für die Neutralität des Staates, die keinen Spielraum für eine Auslegung ließen, könne es — so Blüm[297] — nicht geben, weil sie nicht verfassungsgemäß wären. „Wasserdicht" seien nur Extrempositionen, die entweder die Arbeitgeber- oder die Arbeitnehmerseite unzulässig begünstigen würden.

In diesem Rahmen verläuft in der Tat die bisherige Diskussion. Das vorstehend entwickelte Modell versteht sich demgegenüber als Versuch einer Konzeption, die rechtssystematische Überlegungen und sowohl klare wie praktikable Problemlösungen miteinander vereinigt.

Dabei ging es angesichts der *rechtspolitischen* Zielsetzung der Arbeit nicht darum, alle angesprochenen, großenteils sehr schwierigen Probleme des geltenden Rechts oder des Regierungsentwurfs abschließend zu beurteilen. Angestrebt war vielmehr, gleichsam „an den Problemfeldern entlang" ein Modell zu entwerfen, das

— sich in die Gesamtrechtsordnung der Bundesrepublik plausibel einpaßt und mit dem IAO-Abkommen Nr. 102 vereinbar ist,
— nicht nur alte Probleme verschiebt und fortschreibt, sondern
— aufgrund einer neuen Konzeption eine längerfristige Problemlösung ermöglicht und so
— zur *dauerhaften* Sicherung des sozialen Friedens beizutragen vermag.

Dieses Modell mit seinen verschiedenen Ansatzpunkten für eine Reform ermöglicht auch — je nach politischer Realisierbarkeit —

---

[296] Vgl. FAZ vom 4. 12. 1985.
[297] Vgl. FAZ vom 27. 12. 1985 und „Die Zeit" vom 3. 1. 1986.

G. Schluß und Ausblick

flexible *Zwischenlösungen* der Problematik. Kernpunkte des Reformvorschlags stellen beispielsweise die (überwiegende) Finanzierung des Arbeitskampfrisikos durch die Arbeitnehmer einerseits sowie die generelle Gewährung von — höhenmäßig reduzierten — AFG-Leistungen an die problembehaftete Arbeitnehmergruppe andererseits dar. Zwischen diesen beiden Faktoren besteht — schon wegen ihrer Steuerungsfunktionen[298] — ein deutlicher Zusammenhang: Fällt der *Beitrags*anteil der Arbeitgeber aufgrund entsprechender politischer Entscheidung hoch aus, so wird die erforderliche Verhaltens- und Risikosteuerung über niedrigere *Leistungen* anzustreben sein. Bleibt eine *paritätische* Finanzierung durch Arbeitnehmer und Arbeitgeber beibehalten, so sollte sich die vorgeschlagene Verselbständigung des Arbeitskampfrisikos jedenfalls in einer rechnungsmäßig-statistischen Verdeutlichung dieses spezifischen Risikos und seiner Kosten niederschlagen.

---

[298] Siehe oben F III.

H. Nachtrag: Zur veränderten Fassung der Neuregelung

I. Entwicklung

In einem „an Dramatik kaum mehr zu überbietenden" politischen Kampf[299] ist der Regierungsentwurf bis zuletzt Gegenstand erbitterten Streits gewesen und schließlich am 20.3.1986 in *veränderter* Fassung vom Bundestag verabschiedet worden. Neben Biedenkopfs Vorschlag zur Errichtung einer Schiedsstelle[300] verdienen aus dieser Entwicklungsphase vor allem Änderungsvorschläge der CDU-Sozialausschüsse besondere Erwähnung.

1. Vorschläge der CDU-Sozialausschüsse

Die Sozialausschüsse forderten unter anderem[301] die Bildung eines „Neutralitätsausschusses"; die Verankerung bzw. Verdeutlichung des „Partizipationsgedankens" im Gesetz; eine Klarstellung, wann eine Tarifforderung als „erhoben"[302] gelte, und eine Umformulierung des Kernstücks des Regierungsentwurfs: Wollte der Regierungsentwurf Ansprüche auf Arbeitslosengeld ruhen lassen, wenn „eine Forderung erhoben worden ist, die einer Hauptforderung des Arbeitskampfes nach Art und Umfang annähernd gleich ist"[303], so sollte nach der Vorstellung der Sozialausschüsse die Bundesanstalt für Arbeit nur dann leistungsfrei sein, wenn „die Hauptforderungen nach Art und Umfang gleich sind, ohne übereinstimmen zu müssen."[304]

Während die erstgenannten Vorschläge in die Endfassung des Gesetzes eingeflossen sind, beharrte die Regierungskoalition darauf, die

---

[299] So die Formulierung von *Th. Raiser* NZA 1986, S.113.
[300] Siehe oben bei Fn.225. Vgl. auch den „Neutralitätsausschuß" des Gesetzes.
[301] Vgl. im einzelnen „Frankfurter Rundschau" vom 11.3.1986.
[302] Vgl. dazu oben E II 4 sowie jetzt § 116 III 2 AFG neuer Fassung.
[303] Vgl. dazu oben E I und E II 5.
[304] Vgl. „Frankfurter Rundschau" vom 11.3.1986.

I. Entwicklung

Leistungspflicht der Bundesanstalt nicht nur dann ruhen zu lassen, wenn „die Hauptforderungen" (also *alle* Hauptforderungen) nahezu gleich sind, sondern bereits dann, wenn dies hinsichtlich *einer* Hauptforderung der Fall ist[305].

2. Gesetzesfassung

Die vom Bundestag verabschiedete Gesetzesfassung hat schließlich folgenden Wortlaut erhalten[306]:

„(1) Durch die Gewährung von Arbeitslosengeld darf nicht in Arbeitskämpfe eingegriffen werden. Ein Eingriff in den Arbeitskampf liegt nicht vor, wenn Arbeitslosengeld Arbeitslosen gewährt wird, die zuletzt in einem Betrieb beschäftigt waren, der nicht dem fachlichen Geltungsbereich des umkämpften Tarifvertrages zuzuordnen ist.

(2) Ist der Arbeitnehmer durch Beteiligung an einem inländischen Arbeitskampf arbeitslos geworden, so ruht der Anspruch auf Arbeitslosengeld bis zur Beendigung des Arbeitskampfes.

(3) Ist der Arbeitnehmer durch einen inländischen Arbeitskampf, an dem er nicht beteiligt ist, arbeitslos geworden, so ruht der Anspruch auf Arbeitslosengeld bis zur Beendigung des Arbeitskampfes nur, wenn der Betrieb, in dem der Arbeitslose zuletzt beschäftigt war,

1. dem räumlichen und fachlichen Geltungsbereich des umkämpften Tarifvertrages zuzuordnen ist

oder

2. nicht dem räumlichen, aber dem fachlichen Geltungsbereich des umkämpften Tarifvertrages zuzuordnen ist und im räumlichen Geltungsbereich des Tarifvertrages, dem der Betrieb zuzuordnen ist,

   a) eine Forderung erhoben worden ist, die einer Hauptforderung des Arbeitskampfes nach Art und Umfang gleich ist, ohne mit ihr übereinstimmen zu müssen, und

   b) das Arbeitskampfergebnis aller Voraussicht nach in dem räumlichen Geltungsbereich des nicht umkämpften Tarifvertrages im wesentlichen übernommen wird.

Eine Forderung ist erhoben, wenn sie von der zur Entscheidung berufenen Stelle beschlossen worden ist oder auf Grund des Verhaltens der Tarifvertragspartei im Zusammenhang mit dem angestrebten Abschluß des Tarifvertrages als beschlossen anzusehen ist. Der Anspruch

---

[305] Zur Entwicklung vgl. „Tagesspiegel" und „Die Welt" vom 12.3.1986.
[306] Vgl. BT-Ds. 10/5214 und BT-Plenarprotokoll 10/207.

auf Arbeitslosengeld ruht nach Satz 1 nur, wenn die umkämpften oder geforderten Arbeitsbedingungen nach Abschluß eines entsprechenden Tarifvertrages für den Arbeitnehmer gelten oder auf ihn angewendet würden.

(4) Ist bei einem Arbeitskampf das Ruhen des Anspruchs nach Absatz 3 für eine bestimmte Gruppe von Arbeitnehmern ausnahmsweise nicht gerechtfertigt, so kann der Verwaltungsausschuß des Landesarbeitsamtes bestimmen, daß ihnen Arbeitslosengeld zu gewähren ist. Erstrecken sich die Auswirkungen eines Arbeitskampfes über den Bezirk eines Landesarbeitsamtes hinaus, so entscheidet der Verwaltungsrat. Dieser kann auch in Fällen des Satzes 1 die Entscheidung an sich ziehen.

(5) Die Feststellung, ob die Voraussetzungen nach Absatz 3 Satz 1 Nr. 2 Buchstaben a) und b) erfüllt sind, trifft der Neutralitätsausschuß (§ 206 a). Er hat vor seiner Entscheidung den Fachspitzenverbänden der am Arbeitskampf beteiligten Tarifvertragsparteien Gelegenheit zur Stellungnahme zu geben.

(6) Die Fachspitzenverbände der am Arbeitskampf beteiligten Tarifvertragsparteien können durch Klage die Aufhebung der Entscheidung des Neutralitätsausschusses nach Absatz 5 und eine andere Feststellung begehren. Die Klage ist gegen die Bundesanstalt zu richten. Ein Vorverfahren findet nicht statt. Über die Klage entscheidet das Bundessozialgericht im ersten und letzten Rechtszug. Das Verfahren ist vorrangig zu erledigen. Auf Antrag eines Fachspitzenverbandes kann das Bundessozialgericht eine einstweilige Anordnung erlassen."

II. Kritische Würdigung

1. Eine kritische Würdigung der Endfassung des § 116 AFG kann und muß sich kurz fassen; denn die Lösung des Kernproblems, um dessen Bewältigung es in der öffentlichen und wissenschaftlichen Diskussion wie auch in dieser Studie vor allem ging und geht, ist *konzeptionell* gegenüber dem ursprünglichen Regierungsentwurf unverändert geblieben, freilich bei „redaktionellen" Veränderungen: Abweichend vom ursprünglichen Regierungsentwurf stellt das Gesetz jetzt darauf ab, ob die erhobene Forderung einer Hauptforderung des Arbeitskampfes „nach Art und Umfang gleich ist, ohne mit ihr übereinstimmen zu müssen" (vgl. § 116 III 1 Nr. 2 a) AFG neuer Fassung).

Mit dieser Umformulierung, die von den CDU-Sozialausschüssen inspiriert wurde, ist eine Klarstellung, Präzisierung gegenüber dem

II. Kritische Würdigung

ursprünglichen Regierungsentwurf angestrebt[307]. Sie läuft darauf hinaus, daß eine „Fast-Identität" der Forderungen maßgebend ist[308], und wird gegenüber der früheren Fassung als Eingrenzung zu werten sein. Beispielsweise werden in der Begründung zum ursprünglichen Regierungsentwurf Forderungen auf eine Verkürzung der Wochenarbeitszeit von 40 auf 35 bzw. auf 36 Stunden als *annähernd gleich* bezeichnet[309]. Im Sinne der Neufassung können diese Forderungen aber schwerlich als nach Art und Umfang *gleich* angesehen werden. Ihr „wirtschaftliches Gewicht"[310] ist durchaus unterschiedlich. Forderungen auf Reduzierung der Arbeitszeit im Rahmen der Bandbreite von 35 bis 35,5 Wochenstunden mögen unter dem Aspekt einer Auf- und Abrundung noch als „gleich", wenn auch nicht übereinstimmend angesehen werden. Forderungen, die auf eine Reduzierung im Rahmen der Bandbreite von 35,6 bis 36 Wochenstunden zielen, lassen sich hingegen nicht mehr als mit einer Forderung auf 35 Wochenarbeitsstunden „gleich" bewerten. Diese Sicht der Dinge wird aber sicherlich auf Widerspruch stoßen. Es eröffnet sich ein noch breiteres Feld als bisher, trefflich über die „Gleichheit" zu streiten[311].

Die verfahrensrechtlichen Neuregelungen, mit Hilfe derer die materiell-rechtlichen Schwierigkeiten bewältigt werden sollen, sind gleichfalls mit Skepsis zu betrachten[312]:

Im „Neutralitätsausschuß" gemäß § 116 V i. V. m. § 206 a AFG neuer Fassung werden sich die Auffassungen der Arbeitgeber- und Arbeitnehmerbank in brisanten Fällen unversöhnlich gegenüberstehen. Die Entscheidung muß dann letztlich wie bisher der Präsident der Bundesanstalt für Arbeit treffen. Daran anschließend kann sich auf Grund des neuen § 116 VI AFG, der Klagen einzelner Arbeitnehmer im normalen Instanzenzug der Sozialgerichtsbarkeit nicht ausschließt,

---

[307] Vgl. „Frankfurter Rundschau" vom 11. 3. 1986.
[308] Vgl. dazu Hess. LSG NZA 1984, S. 100 (103).
[309] Vgl. Begründung zum Regierungsentwurf (Fn. 2), S. 15.
[310] Vgl. die Formulierung in der Begründung zum ursprünglichen Regierungsentwurf (Fn. 2), S. 14.
[311] Vgl. bereits oben E II 5. Wichtig in diesem Zusammenhang aus jüngster Zeit BAG NJW 1985, S. 2548 (2549) und NJW 1986, S. 210 (212).
[312] So auch *Däubler*, *Grunsky* und *Schulin* in der Sachverständigen-Anhörung, vgl. Bericht im „Tagesspiegel" vom 19. 3. 1986.

unter Umständen ein „rechtliches Chaos"[313] entwickeln. Diesbezügliche Details müssen hier auf sich beruhen.

2. Wichtiger erscheint die verfassungsrechtliche Problematik, die hier nur in einem — naheliegenden — Punkt angerissen sei:

Die kurze Skizze zur Bedeutung der „Forderungs-Gleichheit" zeigt, daß dieses Merkmal nach der Änderung des Regierungsentwurfs noch leichter durch Forderungsdifferenzierungen „unterlaufen" werden kann als nach der ursprünglich geplanten Fassung. Gewerkschaften können an dieser — evtl. auch an anderer[314] — Stelle ansetzen, um durch eine geschickte Tarif- und Streiktaktik eine Leistungspflicht der Bundesanstalt herbeizuführen. So gesehen haben sie es (weiterhin) in der Hand, die Arbeitslosenversicherung — schlagwortartig formuliert — zur „Streikkasse" zu machen, anders als nach der früheren unklaren Rechtslage nunmehr sogar durch den Wortlaut des Gesetzes abgesichert[315].

So nimmt es nicht wunder, daß die Arbeitgeberseite gefordert hatte, noch einen allgemeinen „Einfluß-Tatbestand" nach Art des § 116 III 1 Nr. 2 AFG alter Fassung in das Gesetz aufzunehmen. Dies hätte freilich die von der Bundesregierung angestrebte Klarstellung der Rechtslage vollends torpediert. Das Petitum der Arbeitgeberseite blieb daher unberücksichtigt. Angesichts der engeren Fassung des Stellvertretungsgedankens in der Endfassung des Gesetzes verschärfen sich damit noch die oben gegenüber dem ursprünglichen Regierungsentwurf aufgeworfenen verfassungsrechtlichen Bedenken[316]:

Wenn Art. 9 III GG verbietet, durch staatliche Regeln von der (Arbeitgeber- oder) Arbeitnehmerseite das Risiko wirtschaftlicher Verluste von Arbeitskämpfen zu nehmen, weil bzw. wenn dadurch das freie Spiel der antagonistisch aufeinanderstoßenden Kräfte gestört wird[317], so ist dieser neutralitätsspezifische Aussagegehalt des

---

[313] Vgl. den Bericht wie Fn. 312.

[314] So möglicherweise doch durch zeitlich abgestufte Erhebung der Forderungen in den verschiedenen Tarifgebieten, vgl. auch *Isensee* DB 1986, S. 429 (431).

[315] Vgl. dazu jüngst auch *Isensee* DB 1986, S. 429 (431 ff.).

[316] Vgl. oben E II 3.

[317] Siehe oben D I am Ende.

II. Kritische Würdigung

Art. 9 III GG durch die Neuregelung tangiert. Denn, wie erwähnt, besteht für die Gewerkschaften durchaus die Möglichkeit, auf eine Leistungspflicht der Bundesanstalt gegenüber der problembehafteten Arbeitnehmergruppe hinzuwirken. Derartige Leistungen *mildern* dann den Druck auf die Arbeitnehmerseite und *verstärken* den Druck auf die Arbeitgeberseite[318], beeinflussen mithin den Arbeitskampf[319].

Mit dem „Stellvertretungsgedanken" wird, wie schon oben dargelegt[320], *einseitig* auf einen Rechtfertigungsgrund dafür abgestellt, die „Erfüllung eines Versicherungsanspruchs ... versagen" zu können[321]. Die Tragfähigkeit dieses „Rechtfertigungsgrundes" bleibt aber fragwürdig. Er soll offenbar Art. 14 GG Rechnung tragen. Es ist indessen gerade Aufgabe des Gesetzgebers, öffentlich-rechtliche Versicherungs-/Eigentumspositionen[322] — deutlich — nur insoweit einzuräumen, als damit nicht gegen Art. 9 III GG verstoßen wird, mithin beide Vorschriften zu harmonisieren. Von Übergangsproblemen abgesehen[323], vermag daher eine derartige Durchbrechung des Neutralitätsgebots von Art. 14 GG her nicht einzuleuchten[324].

Fraglich bleibt allerdings, welche Bedeutung dem Sozialstaatsgedanken zukommt. Legt man zugrunde, daß dieser Gedanke das Neutralitätsgebot zugunsten der Arbeitnehmer in engen Grenzen auflockern kann[325], so läßt sich doch schwerlich erklären, warum Leistungsansprüche der Arbeitnehmer dann und nur dann ruhen sollen, wenn die Arbeitnehmer, repräsentiert durch ihre Gewerk-

---

[318] Siehe oben E II 3.

[319] Davon geht auch die Begründung zum Regierungsentwurf (Fn. 2), S. 13 aus. Daß bei einer andersartigen Regelung eine evidente Koalitionsimparität eintreten könnte, wird im Regierungsentwurf nirgends auch nur angedeutet.

[320] Siehe oben E II 3.

[321] So Begründung zum Regierungsentwurf (Fn. 2), S. 13 und auch S. 9.

[322] Vgl. dazu oben E II 1.

[323] Vgl. dazu oben E II 1 und auch F IV 2. Regierungsentwurf und Gesetz differenzieren allerdings nicht zwischen Übergangs- und Zukunftsregelung.

[324] Vgl. auch *Isensee* DB 1986, S. 429 (433).

[325] So *Scholz* in Maunz / Dürig / Herzog / Scholz, GG, Stand August 1979, Art. 9 Rdnr. 286. Enger *Isensee* DB 1986, 429 (435 f.): „Indifferenz der Sozialstaatsklausel". Weiter offenbar *Schwerdtfeger* (Fn. 4), S. 20, 54.

schaft(sorgane), im Sinne des Stellvertretungsgedankens *gleiche Einzelforderungen* wie die kämpfende Gewerkschaft erhoben haben. Angesichts der Vagheit des Sozialstaatsgedankens[326] kann einigermaßen überzeugend allenfalls argumentiert werden, daß eine „Versagung des Versicherungsanspruchs" nur dann gerechtfertigt sei, wenn den betreffenden Arbeitnehmern Vorteile des Arbeitskampfes im „wirtschaftlich-rechnerischen Gesamtergebnis" zugute kommen (können)[327]. Dies ist im Vergleich zur Stellvertretungskonzeption ein sehr viel allgemeinerer Partizipationsgedanke, der sich als Ausprägung des allgemeinen Gedankens einer Vorteils-Nachteils-Korrelation begreifen läßt und jetzt auch in § 116 III 1 Nr. 2 b) AFG neuer Fassung Niederschlag findet. Die Anwendung dieses allgemeineren Zurechnungsgedankens würde die Arbeitgeberseite nicht — wie nach der Gesetzesfassung zu befürchten — weithin hilflos der gewerkschaftlichen Kampftaktik ausliefern. Eine Abstimmung von Neutralitätsgebot und Sozialstaatsprinzip in diesem Sinne erschiene noch plausibel.

Die gesetzliche Regelung entbehrt hingegen der Überzeugungskraft. Verständlich wird sie nur vor dem Hintergrund der langjährigen (Fehl-)Entwicklung. Vor allem: *Politisch* war auf der Linie der hergebrachten Konzeption eine andere Regelung nicht durchsetzbar. Ob die Weiterverfolgung dieser Linie neben der *formalen* Klärung der Rechtslage — Ablösung der Neutralitäts-Anordnung durch das Gesetz — auch *inhaltlich* zu (mehr) Klarheit und Rechtssicherheit geführt hat, muß allerdings füglich bezweifelt werden. Das in dieser Studie entwickelte Modell steht in Reserve.

---

[326] Dazu jüngst *Isensee* a.a.O.
[327] Siehe dazu oben F II 2.

Printed by Libri Plureos GmbH
in Hamburg, Germany